Lièvres de mars

Harold Frédéric

Writat

Cette édition parue en 2024

ISBN : 9789359948348

Publié par
Writat
email : info@writat.com

Contenu

CHAPITRE I.

Le matin de son trentième anniversaire, M. David Mosscrop se prélassait contre le parapet de pierre du pont de Westminster et observait longuement le cortège incessant de ses semblables qui le dépassaient péniblement vers le nord, dans la partie polie de la ville de Londres.

Il était arrivé sur le pont dans un état d'esprit mélancolique et s'était d'abord arrêté d'un air sombre pour regarder l'eau. Ses pensées étaient un fardeau pour lui et sa tête lui faisait terriblement mal. Ce n'était pas une nouvelle expérience matinale, pire chance ; il s'était habitué à ces mauvaises heures d'ouverture de dépression et de nausée. Le fait que c'était son anniversaire, cependant, donnait un point inconfortable à ses réflexions. Il avait en effet franchi le seuil des années trente et il se retrouva devant ce nouveau lustre pire que les mains vides. Il n'avait fait aucune des grandes choses que sa jeunesse lui avait promises. Il n'avait même pas trouvé sa place dans une compagnie serviable et propre. Le souvenir des gens avec lesquels il passait son temps aujourd'hui, en particulier le souvenir des vauriens et des imbéciles avec lesquels il était parti hier pour célébrer la veille de son anniversaire, le rendait malade. Il regarda le flot qui se déplaçait lentement et se demanda avec colère pourquoi un homme de trente ans qui n'avait rien appris qui valait la peine d'être appris n'avait rien accompli qui valait la peine d'être fait ; qui n'en savait même pas assez pour rester sobre pendant la nuit, ne devrait pas être jeté comme un déchet dans la rivière.

L'impulsion de sauter par-dessus le parapet était très proche de la portée de sa conscience. Son esprit y toucha presque alors que ses yeux s'attardaient sur la large masse opaque d'eaux ternes et changeantes. Il se dit qu'il n'avait jamais été aussi près de la possibilité d'un suicide délibéré qu'en ce moment.

Il ne laissa pas cette notion prendre une forme plus précise, mais réfléchit pendant un moment au fait qu'elle se trouvait là, vaguement informe au fond de son cerveau, prête à surgir à sa guise. Bien entendu, il ne voulait pas en donner la parole : c'était simplement intéressant de penser qu'il se trouvait, pour ainsi dire, dans la même rue avec l'esprit de suicide.

Au bout d'un moment, l'effet de cette étendue d'eau à la dérive constante sembla apaiser sa vision. Il est devenu moins conscient des troubles mentaux et du dégoût physique. Puis il se leva, bâilla et jeta un coup d'œil vers la grande tour de l'horloge, dont les aiguilles traînardes s'accrochaient encore au voisinage déraisonnable de sept heures. Pour une raison quelconque, il se sentait beaucoup mieux. La sensation était la bienvenue. Il poussa un long soupir de satisfaction et, adossé aux pierres, se mit à regarder passer les gens. Par un soudain bouleversement d'humeur, il découvrit tout d'un coup que l'excès de la nuit lui offrait désormais des compensations. Son cerveau était extrêmement clair et, maintenant que les lies de boisson avaient disparu, il le servait avec une acuité avide et presque palpitante qu'il était agréable de suivre.

Il remarqua avec une attention minutieuse les différents types d'ouvriers, de vendeuses, de commis et de vendeurs qui défilaient dans la foule, et se surprit à consacrer à chacun un commentaire mental approprié, certains s'interrogeant sur leur histoire, ou un éclair de spéculation sur leur histoire. Leur avenir. Le jeu instantané de sa fantaisie parmi ces objets flottants apportait une grande diversion. Il s'y déchaînait, remarquant, tandis qu'ils marchaient côte à côte, le comptable qui manquait probablement de comptes, le garçon qui s'était trompé de chevaux, la barmaid à tête de séraphin qui, à l'heure du déjeuner, écoutait impassible. à la conversation des hommes de la ville aptes à révolter un docker . C'était en effet comme une pièce de théâtre, ce merveilleux agrégat de possibilités dramatiques humaines surgissant inlassablement devant lui. Il se demanda s'il n'avait jamais pensé à le voir auparavant.

Des détails amusants, son esprit s'élevait à des conceptions plus vastes. Il pensa au mystère de la vaste économie de Londres ; de tous ses millions jouant bêtement, sans instruction , presque comme des automates, leurs rôles assignés dans l'étrange machinerie par laquelle tant de troupeaux de bétail de boucherie, tant de milliers de tonnes de nourriture et de camions de vêtements, de charbon et d'huile étaient amenés quotidiennement, et les produits de Babylone furent réexpédiés en guise de remboursement. Le miracle de ces écailles géantes toujours équilibrées, du ventre toujours désireux de Londres et de la réponse infaillible du pays, se profilait dans son imagination. Puis, étouffant un autre bâillement, il lui vint à l'esprit qu'un cerveau capable de tels vols méritait un meilleur sort que d'être projeté par une marée sale contre quelque tas de quai gluant en aval de la rivière. Oui, et cela méritait aussi un sort plus noble dans la vie que celui d'être arrosé le soir d'une boisson empoisonnée. Décidément, il renoncerait au licenciement et vivrait proprement.

L'heure sonna dans la tour de l'horloge. Le grondement de la grosse cloche s'enfla avec espoir à son ouïe. Le carillon du trimestre précédent l'avait attristé, car il y entendait le glas de trente années perdues. La résonance plus forte avait désormais une signification différente. Un anniversaire a exposé une nouvelle feuille et a refusé une ancienne. Les années vingt étaient derrière lui, et sans doute elles n'étaient pas belles. Très bien; il a tourné son hack contre eux. Les années trente étaient toutes avant lui ; et, tandis que Big Ben faisait entendre sa clameur grave , il se redressa et se tourna pour les regarder en face avec confiance.

Ses yeux tombèrent sur la silhouette d'une jeune femme, avançant dans un petit tourbillon d'isolement par rapport à la foule, à une dizaine de mètres. A l'instant même, il eut le sentiment que son regard ne l'avait pas distinguée des autres par simple hasard ; c'était en effet comme s'il n'y en avait pas d'autres. Dans l'examen attentif qu'il se retrouvait à lui consacrer, il y avait un sentiment de contrainte. Ses perceptions se précipitèrent pour la rencontrer et l'envelopper.

Elle était presque grande et, en calèche, elle tirait le meilleur parti de ses centimètres. Elle avait beaucoup de cheveux jaunes d'une espèce remarquable, de lin pâle en vrac mais cueillis de citron dans leurs lumières, autour de ses sourcils. Il pensait qu'il était teint, et du même coup il savait mieux. Il maîtrisa l'effet de son beau visage - avec ses contours réguliers, ses yeux gênés, sa délicate feuille de rose sur son menton poussée avec assurance au-dessus d'une large gorge blanche - le tout en une fraction de seconde sans nom.

L'impression d'elle remplissait chaque recoin de son esprit. Il a essayé de réfléchir à qui et à ce qu'elle était, et n'a construit que des échafaudages de conjectures pour les renverser à nouveau. C'était une jeune fille qui essayait des manteaux et des robes dans quelque grand magasin de Regent Street : non, le manque de dignité dans un tel métier serait impossible à quelqu'un qui portait le menton si haut. Une femme journaliste ? Non, elle était trop jolie pour ça. Qu'était-elle : une écrivaine, une serveuse de restaurant, une vendeuse ? Non, ils portaient tous du noir, avec des cols et des poignets blancs ; et ses vêtements étaient d'un ordre presque flamboyant. Son corsage à manches longues en soie bleue fleurie, ajusté à la taille ceinturée, évoquait Henley plutôt que la grande route qui sortait du sordide Lambeth. Son chapeau de marin en paille, porté avec désinvolture sur les peluches de primevère et les touffes de cheveux, appartenait également à moins d'un mile plus bas sur la rivière que Teddington . Elle devrait en droit avoir une raquette à la main et se déplacer sur la pelouse rasée du parc de Kanelagh , par un après-midi d'été brumeux et languissant. Que diable faisait-elle sur le pont de Westminster, à cette heure ridicule, en cette triste compagnie ?

Puis la spéculation s'est arrêtée brusquement. Elle était maintenant près de lui et il la reconnaissait. C'était une jeune femme qu'il avait vue vingt fois dans la salle de lecture du British Museum. Son visage lui était tout à fait familier. L'autre jour encore, il lui avait sorti des rayons des histoires du comté deux volumes volumineux qu'elle semblait incapable de gérer seule. Elle l'avait remercié d'un regard et d'un signe de tête agréable. Il semblait se rappeler dans ce regard un aveu tacite qu'ils étaient de vieilles connaissances de vue. Pendant ce temps, il la regardait droit dans les yeux, les muscles intérieurs de son visage préparant et tenant prêts un sourire au cas où elle donnerait signe de se souvenir de lui.

Pendant un instant, il sembla qu'elle passait sans qu'on la reconnaisse. Il eut la présence d'esprit de sentir qu'il s'agissait là d'un malheur grossier et inexcusable. Ses pieds se préparèrent instinctivement à la suivre, comme si c'était pour cela, et pour cela seulement, qu'ils s'étaient attardés si longtemps sur le pont.

Mais avant qu'il ait pu faire un pas, elle s'était arrêtée et, d'une manière hésitante, s'était éloignée du courant principal du piétonisme. Elle resta quelques secondes, indécise, près du parapet, feignant d' être intéressée par la vue sur le fleuve et l'aspect élégant de l'architecture parlementaire sur sa rive droite. Puis, avec un petit haussement d'épaules décidé, elle se tourna vers lui.

«C'est une belle matinée», dit-elle.

Il s'était avancé à ses côtés et il tournait vers elle maintenant ce sourire qui avait failli devenir suppliant. « J'avais peur que vous ne m'ayez pas remarqué… et j'étais bien résolu à vous poursuivre.

Elle lui lança un regard interrogateur, puis laissa son regard s'égarer à nouveau vaguement. « Oh ! je vous ai assez bien vu », avoua-t-elle avec un curieux mélange d'hésitation et d'audace ; « Mais au début , je n'allais pas faire semblant de le faire. En fait, je ne sais pas du tout pourquoi j'ai arrêté. Ou plutôt, je *le* sais, mais vous ne le savez pas et vous ne le saurez jamais. C'est-à-dire que *je* ne vous le dirai pas !

"Oh, mais je sais," répondit-il cordialement. « Comment peux-tu m'imaginer si déficient en discernement ? Seulement… seulement, je crois que je ne le dirai pas non plus.

Elle le regarda de nouveau avec une sorte d'intensité surprise et entrouvrit les lèvres comme pour parler. Il crut saisir dans ce regard l'évocation d'une méfiance douloureuse et humiliée. Mais ensuite elle secoua la tête d'un air impertinent et sourit malicieusement. « Quel formidable secret nous porterons dans nos tombes ! » elle a ri. « Dis -moi, tu dors sur le pont ? Vous savez, on entend des histoires tellement remarquables sur les lecteurs du Musée.

Il la regarda avec plaisir, rayonnant dans ses yeux. « Non, je ne dors absolument pas, » répondit-il avec gravité, « et je me promène dans les rues en tournant toujours une seule idée dans mon esprit ; et chaque matin, au lever du jour — oh ! cela dure depuis des années — je viens ici pour guetter la belle fille aux cheveux jaunes qui, un jour, viendra vers moi et me dira : « C'est une belle matinée. Une voyante m'a dit, il y a très longtemps, que c'était ce que je devais faire, et depuis, je n'ai jamais eu un instant de repos.

« Vous devez être très fatigué, commenta-t-elle, et aussi très confus dans votre esprit, d'autant plus que les cheveux jaunes sont devenus tellement à la mode. Et la voyante a-t-elle mentionné ce qui allait se passer après que la belle dame soit réellement apparue ?

"Ah, c'est un autre de mes secrets !" s'écria-t-il avec ravissement.

Ils avaient commencé à marcher ensemble vers la tour de l'horloge. La foule qui passait inconsidérément à pas précipités leur donnait un sentiment supplémentaire de détachement et de camaraderie. Ils restaient serrés près du parapet, leurs épaules se touchant de temps en temps. Lorsqu'ils atteignirent l'extrémité du pont et s'arrêtèrent pour contempler de nouveau la perspective du fleuve, leurs manières avaient pris l'aisance de gens qui se connaissent depuis longtemps.

La marée descendait maintenant avec un spectacle exagéré d'activité perturbée. La jeune fille se pencha et regarda le courant précipité, qui se déplaçait en tourbillons sous l'arche et aspirait la maçonnerie gris-brun du mur de remblai au passage. Son silence dans cette posture dura plusieurs minutes, et il le respecta.

Finalement, elle eut regardé à sa faim et se retourna, et ils reprirent leur marche. «Je n'ai jamais pu comprendre la noyade», remarqua-t-elle d'un ton songeur; « Cela ne me plaît pas du tout, d'une manière ou d'une autre. Ils disent que c'est agréable après environ une minute, mais je n'y crois pas. Est-ce que tu?"

"Cela pourrait peut-être avoir un sens, si l'on pouvait choisir le fluide", répondit-il, parvenant à la désinvolture avec un effort. "Comme le duc de Clarence, par exemple."

"Comment veux-tu dire? Les journaux disaient tous que c'était la grippe. Oh, je vois, tu veux dire celui de Shakespeare. Sa bonne foi était incontestable. "Mais non, nous parlions de noyade, de suicide."

"Non, nous ne l'étions pas", dit-il sobrement. Le souvenir de sa propre humeur d'il y a une petite demi-heure le remuait avec inquiétude. « Et nous n'allons pas le faire non plus. Quel mal avez-vous, jeune et en bonne santé, heureux et joli comme une pêche, à faire avec de telles choses ?

« En fait, reprit-elle pensivement, comme s'il n'avait pas parlé, toutes sortes de morts me semblent un outrage. Ils me mettent en colère. C'est trop stupide de devoir mourir. De quel droit les autres ont-ils le droit de me dire : « Comment tu dois mourir » ? Je suis né pour vivre autant qu'eux, et j'ai autant de droits sur terre qu'eux. Et j'ai aussi droit à ce dont j'ai besoin pour rester en vie. Cela doit être ainsi, selon le bon sens ! » Mosscrop avait écouté cette déclaration de principes, mais avec indifférence. Un sentiment de somnolence l'avait envahi, et, y cédant pour un moment, il avait baissé la tête, avec un regard sans but sur le trottoir. Tout à coup, il aperçut quelque chose qui le réveilla. La petite botte de sa compagne, découverte en mouvement sous sa jupe, était cassée sur le côté et presque sans semelle. Il resta en retard d'un pas ou deux et s'assura de ce qu'il voyait. La jeune fille au chemisier de soie était chaussée comme une mendiante.

« Dans quelle direction vas-tu ? » » demanda-t-il, faisant semblant de se souvenir soudainement de quelque chose. Il s'était arrêté et ils se tenaient au coin, regardant Whitehall. Il étouffa un bâillement avec un petit rire explicatif. « J'en ai fait une bonne nuit — c'est mon anniversaire aujourd'hui — et je dors à moitié. Je n'avais pas remarqué où nous avions marché. J'espère que je ne vous ai pas éloigné de votre chemin.

La jeune fille hésita, regarda la rue large et majestueuse et se mordit la lèvre dans une sorte de réflexion intense.

« Bonjour, alors ! » Lâcha-t-elle, confuse, et se tourna pour s'éloigner.

L'impulsion de se séparer d'elle avait été très nettement définie dans son esprit et avait dicté non seulement ses paroles, mais aussi sa manière maladroite, mi-honte, mi-familière, de suggérer une séparation. Maintenant, il a de nouveau disparu avec une rapidité miraculeuse.

"Non non! Il ne faut pas partir comme ça ! » le pressa-t-il, et il se précipita à ses côtés. "Je t'ai seulement demandé quelle était ta voie."

Elle clignait des yeux dans une lutte pour retrouver son calme facial. Il voyait qu'elle était au bord des larmes, et cette vue le rendait imprudent. Il n'était pas surprenant de l'entendre avouer : « Moi ? Je n'ai aucun moyen.

Il la prit en charge avec un beau ton paternel. « Oh oui, c'est vrai ! Votre chemin est mon chemin. Tu viens avec moi. C'est mon anniversaire, tu sais, et tu es venu m'aider à le célébrer. Que diriez-vous de commencer par un petit-déjeuner spécial ? Ou peut-être avez-vous déjà coupé votre appétit. Mais tu peux faire semblant de manger un peu.

La jeune fille rit à voix haute, avec une ironie pathétique devant quelque vanité qui retroussa ses lèvres en un amusement méprisant. « Les mots lui montaient à la langue, mais elle s'abstenait de les prononcer et regardait la rue.

« Vous viendrez, n'est-ce pas ? Il avait levé la main, et un véhicule à quatre roues, avec un conducteur et un cheval d'un âge avancé et d'aspect abattu, rampait en diagonale sur la chaussée vers eux.

Elle prit le courage de le regarder franchement en face. « Je vous serai vraiment très obligée, » dit-elle en gardant la voix haute jusqu'à ce que l'aveu soit terminé. "Je n'ai pas pris de petit-déjeuner."

L'ancien taxi, avec un bruit prodigieux de charpente et de fenêtres pour sa progression d'escargot, les conduisit au-delà de Trafalgar Square et vers l'ouest à travers des rues étroites, déjà grouillantes d'une vie trépidante et à l'air étrangère, jusqu'à ce qu'il s'arrête devant un restaurant dans l'un des les artères plus larges de Soho.

Quand ils furent descendus et que le triste vieux chauffeur, empochant son shilling dans un silence renfrogné, fut parti, une pensée vint à Mosscrop .

« Je vous dis ce que nous allons faire », s'écria-t-il. « Eh bien, décrète que c'est aussi ton anniversaire, pour que nous puissions le célébrer ensemble. Ce sera beaucoup plus amusant. Et avant de commencer le petit-déjeuner, je dois vous offrir un petit cadeau, juste pour marquer l'occasion. Allons, tu n'as rien à dire du tout. C'est entièrement mon affaire.

Il passa devant plusieurs boutiques et s'arrêta devant une vitrine étroite où était exposée une petite collection de bottes pour femmes. Un homme en manches de chemise et en tablier venait de baisser le volet et se tenait maintenant dans l'embrasure de la porte, les regardant avec un sourire mercantile mais aimable.

"C'est le meilleur Parisien de la marque", a affirmé le cordonnier pour faire avancer la décision de Mosscrop .

"Vous pouvez voir à quel point ils sont différents des choses anglaises ordinaires", a déclaré David, argumentatif. « Le cuir est comme un gant, et le travail, remarquez-le ! Je pense qu'aucune femme ne pourrait avoir un cadeau plus unique qu'une vraie paire de bottes françaises.

La jeune fille s'était approchée et se tenait tout près de lui, presque blottie contre son épaule. Il vit dans la vitre le faible reflet de son visage satisfait et se dirigea vers la porte comme si tout était réglé. Puis, alors qu'il franchissait le seuil, elle l'appela.

"Non je t'en prie!" insista-t-elle. "Je pense que nous ne le ferons pas, si cela ne vous dérange pas."

" Bien sûr que nous le ferons!" insista-t-il en se tournant vers la porte. « Pourquoi diable ne devrions-nous pas le faire ? C'est ton anniversaire, tu sais. Allons, mon enfant, il ne faut pas être obstiné ; tu dois être gentil et faire ce qu'on te dit.

Comme elle restait en retrait, secouant la tête, il sortit vers elle. "Quel est le problème? Vous avez assez aimé l'idée il y a une minute. Je t'ai vu sourire à la fenêtre. Viens! ne laissez pas une simple bagatelle comme celle-là gâcher le début de notre grand anniversaire commun. C'est dommage de ta part ! Ne veux-tu pas vraiment avoir les bottes… de ma part ?

"Eh bien," répondit-elle en hésitant, "c'est très gentil, mais si je le fais, je préférerais que tu n'entres pas dans le magasin, c'est-à-dire que tu sors pendant que je les essayais, parce que, eh bien, , c'est mon anniversaire, tu sais, et je dois faire ce que je veux, un peu. Vous vous arrêterez dehors, n'est-ce pas ?

Cela lui parut peut-être un excès de réserve virginale. Il sourit avec impatience. « Bien sûr, si c'est votre caprice. Mais – mais je dois le dire – je suppose que différentes personnes fixent la limite à différents endroits, mais les pieds m'ont toujours semblé être des choses relativement innocentes, au fur et à mesure des choses. Mais bien sûr, si c'est votre idée.

« Non, si vous le prenez ainsi, dit-elle, nous allons prendre notre petit-déjeuner et n'en parlerons plus. » Elle trouva le courage de se détourner de la fenêtre tout en parlant.

« Si *je* le prends ainsi ! » La perversité de cet enchevêtrement trivial l'agaçait. « Pourquoi, j'ai consenti à m'arrêter dehors, n'est-ce pas ? Que demande-t-on de plus ? Voulez-vous que je passe un vote de confiance, ou dois-je siffler pendant la représentation, pour que vous sachiez que je suis de bonne humeur, ou quoi ? Supposons que je vous dise que j'ai moi-même été vendeur dans un magasin de chaussures et que j'ai mesuré littéralement des milliers de jolis petits pieds, est-ce que cela vous rassurerait ? Je pourrais entrer, alors, n'est-ce pas ?

"Non, tu n'as jamais été *ça* , tu es un gentleman." Elle lui lança un regard perplexe et soupira. « J'aimerais beaucoup ces bottes, mais vous ne comprendrez pas. Je ne sais pas comment te faire. Le regardant en face, et y voyant un reflet de son propre doute, elle éclata soudain de rire. « Vous êtes un gentleman, mais vous êtes aussi une oie. Mes bas sont un trop triste patchwork de trous et de reprisages pour inviter à une inspection, si vous le voulez bien.

"Pauvre enfant!" Il poussa un soupir de soulagement, comme si un malentendu profondément menaçant avait été dissipé. « Tiens, prends ceci et cours vers cette grosse juive dans l'embrasure de la porte. Elle vous équipera.

Bientôt, elle revint, avec des yeux rayonnants et un air de timidité lié à une auto-approbation complaisante qu'il trouva délicieuse.

« Oh, je devrais simplement insister pour que vous veniez *maintenant* », cria-t-elle gaiement, à la porte du boot-shop, en réponse à son air moqueur et déférent.

CHAPITRE II

Il n'y a sûrement jamais eu un tel petit-déjeuner au monde !

Elle a parlé avec une franche sincérité. Après réflexion, elle a ajouté : « Je ne crois pas qu'une femme puisse commander un repas comme celui-là. Vous les hommes, vous en savez toujours beaucoup sur l'alimentation. Mosscrop se pencha en arrière sur sa chaise, croisa les genoux et sortit un cigare de sa poche. Son esprit parcourait avec une rétrospection agréable les plats : une omelette parfumée aux champignons, une sole *Marguerite* , un petit steak délicat trempé toute la nuit dans l'huile, un fromage italien pulpeux qu'il ne trouvait jamais ailleurs qu'ici. La bouteille verte en forme d'urne posée sur la table contenait encore un peu de Capri, et il le versa dans son verre.

« Oui », a-t-il acquiescé, « je me surprends à accorder plus d'attention à la nourriture à mesure que je vieillis. C'est l'insigne des années qui avancent. C'est un bon petit restaurant, n'est-ce pas ? Je viens souvent ici.

« Et c'est ainsi que l'on peut commander d'aussi merveilleux petits-déjeuners pour des jeunes filles affamées. Cela vient de la pratique. Est-ce qu'ils l'apprécient tous autant que moi ?

« Il ne faut pas demander des choses pareilles », remontra-t-il en souriant, en allumant une allumette. "J'espère que cela ne vous dérange pas ? — merci." Il la regarda d'un air contemplatif à travers la brume dissolvante de la première gorgée de fumée. Ils avaient la petite salle à manger du haut pour eux seuls, et elle, de son siège près de la fenêtre, laissait ses regards aller de lui à la rue en bas, et vice-versa, avec un effet charmant et enfantin d'être enchantée de tout. La vue d'elle en face de lui provoqua de nouvelles émotions dans son être. Il apporta une douce gravité dans son sourire et abandonna le ton moqueur de sa voix. « Non, il faut jouer avec ce que je n'ai jamais déjeuné avec personne auparavant, comme ça, ni ici ni ailleurs. Recommençons tous les deux à neuf le jour de notre anniversaire. Nous effaçons tout de l'ardoise et prenons un nouveau départ. Tout d'abord, vous ne m'avez pas dit votre nom.

"Je m'appelle Vestalia Peaussier .

« Alors vous n'êtes *pas* anglais ? J'aurais juré que tu étais la fille la plus typiquement anglaise que j'aie jamais vue.

« Mon père était un gentleman français, un officier et un homme de position. Il est mort – tué en duel – quand j'étais très jeune. Je ne me souviens pas du tout de lui. Ma mère m'a aussitôt emmené de France. Elle était terriblement écrasée, la pauvre dame. Elle était la fille d'une très vieille maison écossaise – c'était un mariage d'amour incontrôlable – et son peuple, mes grands-parents…

« Quelle partie de l'Écosse ? Quel était leur nom ? Je suis moi-même Écossais , vous savez.

Vestalia s'arrêta brièvement et sirota son vin. « J'allais dire que mes grands-parents se sont comportés de manière si insensible envers ma mère qu'elle ne s'est jamais permise de prononcer leur nom. Je ne le sais pas moi-même. Quand j'étais enfant, j'ai déduit des paroles de ma mère pauvre qu'ils étaient extrêmement riches et fiers et qu'ils avaient un titre dans la famille. Il est peu probable que j'en sache un jour davantage. Je ne le souhaiterais pas non plus, car c'était leur dure cruauté qui brisait le cœur de ma mère. Elle est décédée il y a deux ans. Pauvre malheureuse dame !

Mosscrop hocha la tête avec sympathie. « Et vous êtes-vous retrouvé sans rien ?

« La fortune privée de ma mère avait été réduite à presque rien à cause de mauvais investissements et de la trahison des autres avant sa mort. Je n'avais personne pour me conseiller – j'étais tout seul – et les avocats et autres m'ont probablement volé cruellement. Il ne me restait que quelques-uns de ses anciens bijoux de famille, et un à un, j'ai dû m'en séparer. Certains d'entre eux, j'ose le dire, étaient d'une grande antiquité et d'une valeur inestimable, si seulement j'avais su, mais j'ai été obligé de les vendre pour une chanson. Il y avait parmi eux de merveilleuses chevalières, toutes avec le blason de la famille – je suppose que ce devait être sa famille – et au début j'ai pensé à m'en servir pour les retrouver – mais ensuite ma fierté de jeune fille…

« Quelle était la crête ? » demanda David. "Peut-être qu'il ne serait pas trop tard, maintenant."

Encore Vestalia hésita. Puis elle secoua la tête. "Non; les vœux de ma chère maman me sont sacrés. Je ne souhaite pas savoir ce qu'elle a jugé préférable de me cacher.

"Eh bien... et quand tous les bijoux ont été vendus ?"

« Bien avant cela, j'avais commencé à travailler pour gagner ma vie. J'écris naturellement d'une bonne main. J'ai trouvé un emploi de copiste, mais cela n'a pas duré très longtemps. J'étais ambitieux et je pensais pouvoir me frayer un chemin vers la littérature. Mais c'est une carrière très décourageante, vous savez.

Mosscrop avait haussé les sourcils avec surprise. Il hocha de nouveau la tête, avec un rapide « Oui ! »

"Les rédacteurs n'ont pas été du tout gentils avec moi", a-t-elle poursuivi. « J'ai travaillé comme un esclave, mais je n'ai presque jamais rien obtenu, et il fallait alors attendre des mois pour recevoir son salaire, et peut-être ne pas l'obtenir du tout. J'aurais dû mourir de faim depuis longtemps si je n'avais pas rencontré au Musée une Américaine qui était ici en train de dresser des pedigrees. Oh, pas pour elle-même. Elle en faisait une affaire régulière. Les riches Américains la payaient pour rechercher leurs ancêtres anglais, dans les généalogies et les archives anciennes, sur les pierres tombales, etc. J'ai été son assistante pendant près d'un an et tout s'est plutôt bien passé pour moi. Mais il y a trois mois , elle est tombée malade et a dû rentrer chez elle, et là, je me suis retrouvé bloqué à nouveau. J'ai essayé de poursuivre certains travaux qu'elle avait laissés inachevés, mais les gens étaient partis, ou n'avaient pas confiance en une si jeune personne, et bien, c'est tout. Ma logeuse m'a chassé à six heures du matin, elle a saisi le peu de pauvres choses qui me restaient... et me voilà.

Le jeune homme leva son verre et le fit tinter contre le sien. « Je suis très heureux que vous *soyez* ici », dit-il ; et ils se sourirent avec nostalgie dans les yeux alors qu'ils terminaient le Capri.

« En tout cas, c'est une petite percée paradisiaque dans les nuages », poursuivit-elle d'un ton rêveur. "Ce n'est pas du tout comme dans la vraie vie : c'est comme ça que les choses se passent dans les contes de fées."

« Tout à fait. Pourquoi ne devrions-nous pas avoir un conte de fées tout seuls ? C'est tout aussi simple que toute autre chose stupide et banale, et un million de fois plus agréable. Oh, je suis moi-même du côté des fées.

Elle regardait distraitement les fenêtres d'en face. La lumière commença à disparaître de son visage et les rides troublées réapparurent. « Chaque jour, depuis quinze jours, je réponds à des annonces, reprit-elle pensivement ; « Certains par lettre, d'autres en personne. Il y avait des postes de secrétaires, mais il fallait connaître la sténographie, la machine à écrire, et tout ça. Puis, d'une manière ou d'une autre, tous les postes vacants de vendeuses ont été pourvus avant que je postule, ou bien des personnes ayant de l'expérience dans le secteur m'ont été préférées. J'ai même opté pour une « aide-soignante » – une sorte de domestique, vous savez, sauf que vous êtes moins payé et que vous ne portez pas de casquette – mais personne ne voulait de moi. Mes cheveux étaient trop beaux et mes bottes trop mauvaises. La maîtresse de maison a juste regardé ces deux choses, partout où j'ai postulé, et a dit qu'elle avait peur que je ne réponde pas.

Le tableau qu'elle dessinait était pénible pour Moss-Crop, et il s'efforça de l'alléger avec légèreté. "J'avoue que je n'ai pas eu une très haute opinion de vos bottes, moi-même", dit-il joyeusement, "mais j'admire énormément vos cheveux."

"Oh, mais tu es un homme!"

Il rit amicalement de l'implication de sa réplique, et elle rit un peu aussi, à contrecœur. « Il me vient à l'esprit, osa-t-il en s'arrêtant sur ses paroles, que les hommes semblent n'avoir joué aucun rôle dans l'histoire de votre vie.

"Non, absolument aucun", répondit-elle avec une décision prompte. «Je n'ai jamais été redevable envers un homme ne serait-ce qu'un biscuit ou un bouton de chaussure. Je ne sais pas si tu me croiras quand je te le dirai, mais je n'ai jamais été seule dans une pièce avec un homme auparavant de ma vie.

« Bien sûr, je crois ce que vous dites. C'est pourtant remarquablement intéressant. Viens! Les premières impressions sont le sel même de la vie. J'aimerais beaucoup savoir ce que vous pensez de cette expérience inédite, d'après ce que vous avez fait.

Elle semblait le prendre au sérieux. Posant ses coudes sur la table et plaçant son menton entre les pouces et les index, elle examina son visage avec franchise, aussi attentif et impartial que le regard qu'un professeur de chiromancie fixe sur les lignes de la main du client.

« Tout d'abord, dit-elle délibérément, je n'ai pas aussi peur de toi que je l'étais. »

"Délicieux!" il pleure. « Ensuite, j'ai inspiré la terreur au début. Faire cela a été le rêve de ma vie, ne serait-ce qu'une seule fois. Je craignais de ne jamais réussir. Ma chère dame, vous m'avez sauvé de mon propre mépris. Après tout, ma carrière n'est pas un échec total. Nous devons prendre un café et une liqueur après ça !

Il appuya sur la sonnette à son côté. Elle fronça légèrement les sourcils devant sa joyeuse exubérance.

"Je ne plaisante pas", se plaignit-elle. "Vous m'avez demandé de dire exactement ce que je ressentais."

Il hocha la tête avec contrition tandis que le serveur quittait la pièce.

"Oui, fais-le", a-t-il insisté. "Je resterai aussi immobile qu'une souris."

«Je n'ai pas aussi peur de toi que je l'avais», répéta-t-elle d'un ton dogmatique. « Mais je pense que, même si je te connaissais très bien, je devrais toujours avoir un tout petit peu peur. Je vois que vous êtes très gentil, mon Dieu ! personne d'autre n'a jamais été aussi gentil avec moi que vous - mais quand même - oui, il y a un *mais* si je peux vous l'expliquer - j'ai l'impression que vous êtes gentil parce que cela vous procure du plaisir , plutôt que parce que cela m'aide. Non, ce n'est pas tout à fait ce que je veux dire non plus. Il me semble qu'un homme sera beaucoup plus gentil qu'aucune femme ne sait l'être, aussi longtemps qu'il ressent cela ; mais quand il ne ressentira plus cela , eh bien, alors il laissera tout tomber et n'y pensera plus jamais.

"C'est très intelligent", a déclaré Mosscrop .

Il avait l'air de le retourner dans son esprit et de l'aimer davantage après y avoir réfléchi. « Oui, c'est bien motivé. Je peux bien croire que votre mère était une jeune Écossaise.

Vestalia rougit, sans doute de fierté.

"Eh bien, alors, écoutez-moi bien", dit-elle, avec une agréable petite hypothèse d'autorité nouvellement acquise. « Maintenant, je n'ai pratiquement pas connu d'homme à qui parler – c'est-à-dire un gentleman, en tant qu'ami, vous savez – si j'ai le droit de vous appeler ainsi après une si courte connaissance – ou non, je ne dois pas dire cela. , dois je? Nous *sommes* amis, mais c'est une expérience nouvelle pour moi. Comme vous le dites, j'ai ma première impression de ce que c'est que d'avoir un homme pour ami.

Le garçon, poussant la porte du pied, apporta un plateau avec des tasses blanches et des pots d'argent, de petits verres teintés et une grande bouteille informe enfermée dans une vannerie recouverte de paille.

«J'ai commandé du marasquin», remarqua Moss-crop, tandis que l'homme versait le café. "Si vous en préférez un autre, pourquoi, bien sûr..."

"Oh non; tout ce que vous dites est bon, je le prends les yeux fermés.

Elle sirota le petit verre qu'il lui avait rempli, puis, d'un mouvement de lèvres et de langue, réfléchit au goût inhabituel. Un regard alerte lui fut lancé depuis ses yeux.

«J'espère…» commença-t-elle à dire, et elle s'arrêta net.

"Tu espères quoi ?"

"Non; Je ne dirai pas ce que j'allais faire. Cela aurait été un discours très ingrat. Seulement, sachez que je ne distingue guère un vin d'un autre et que je m'en remets entièrement à vos mains. Vous veillerez, n'est-ce pas, à ce que… à ce que je ne bois pas plus que je ne le devrais.

Mosscrop agita la main en souriant et rassurant.

« Mais maintenant, parlons de votre fameuse première impression. »

Elle plissa les paupières pour le regarder, et il trouva son regard investi d'une sorte d'expression de tendresse. Sa tête était un peu penchée d'un côté, de sorte que la lumière de la fenêtre tombait en plein visage. C'était un visage plus beau qu'il ne l'avait imaginé, avec des dégradés de couleurs délicieusement pâles et semblables à des coquilles sur les tempes et sous les oreilles, là où commençaient les étranges mais charmants cheveux de primevère. Une douce teinte rosée était apparue sur ses joues, qui semblaient pâles une heure auparavant. Le visage tout entier était arrondi, adouci et embelli dans ses yeux, alors qu'il répondait à son regard persistant et approbateur.

"Mon impression?" elle parlait lentement, et sans l'assurance qui avait marqué sa délivrance antérieure. «Eh bien, vous savez, je n'ai pas l'impression de connaître *les hommes* plus qu'avant. Je ne connais qu'un seul homme, très, très peu. Je ne crois pas que les autres hommes soient comme lui, sinon nous devrions en entendre parler. Le monde en serait plein. Personne ne parlerait d'autre chose. Mais l'homme que je *connais* , c'est-à-dire un peu, eh bien, je préfère le connaître que toutes les femmes qui sont jamais nées, même si par-dessus le marché je devais avoir peur de lui.

Mosscrop éclata de rire.

« Nous avons bien fait de l'étiqueter à l'avance comme *première* impression. C'est le jugement d'un bébé qui vient d'ouvrir les yeux. Mon cher enfant, j'ai bien peur que ce ne soit pas ton anniversaire, après tout. Tu n'as clairement pas encore un an.

"Tu plaisantes toujours, mais je suis sobre et sérieux." Elle parlait en effet presque solennellement, et avec une ferveur impressionnante dans la voix. «Tu m'impressionnes juste comme ça. J'aimerais que tu croies que je dis exactement ce que je ressens. Attention, je l'ai expressément dit, je ne suppose pas un seul instant que les autres hommes soient comme vous.

"Non, tu es là", l'interrompit-il. Ses manières, plus encore que le discours, l'affectèrent curieusement. Il vida sa liqueur d'un trait, regarda par la fenêtre, s'agita sur sa chaise, se releva enfin.

"Vous êtes là!" répéta-t-il en mordant son cigare et en enfonçant ses mains au fond de ses poches. Elle se serait levée aussi, mais il lui fit signe de rester assise. « Les autres hommes ne sont pas comme moi, et ils peuvent remercier Dieu de ne pas le être. Ils en savent assez pour rester sobres ; Je ne sais pas. Ils sont d'une certaine utilité intelligente dans le monde ; Je ne suis pas. Ils mènent une vie propre et décente, ils se contrôlent, ils se font un nom, ils font des choses qui profitent au moins à *quelqu'un* . Ah-h ! Vous frappez le clou sur la tête. Ils *sont* différents de moi !

Elle le regarda, muette de pure surprise. Il fit quelques pas sans but, s'arrêta pour regarder par la fenêtre les panneaux en face, puis se laissa tomber de nouveau sur la chaise. Avalant ses coudes sur la table, il se pencha en avant et lui lança un regard d'une telle intensité surprise qu'elle trembla sous ce regard et recula.

«Eh bien, tu sais, petite idiote, commença-t-il d'une voix rauque et déclamatoire, que quelques minutes avant ton arrivée, là sur le pont, j'allais me jeter dans la rivière, parce que je n'était pas apte à vivre. Réalisez-vous que je m'étais jugé moi-même et que je m'étais condamné à mort — à mort, remarquez ! — parce que j'étais une créature totalement désespérée, un déchet, un ivrogne, un imbécile et un fainéant stérile, un véritable porc humain ? C'est la vérité! Savez-vous où j'ai passé la nuit dernière, où je me suis réveillé ce matin, malade de dégoût pour moi-même ? Non, ce n'est pas le cas ; et je n'ai pas besoin de vous le dire.

"Je m'en fiche!" Les lèvres de la jeune fille propulsaient les mots avec une rapidité extraordinaire, mais les yeux avec lesquels elle regardait son compagnon et le reste de son visage, redevenu pâle, restaient impassibles.

"Non, *tu* t'en fous !" il poussa un long soupir et continua avec une vigueur décroissante . "Mais *ça* m'intéresse! C'est quelque chose pour *quelqu'un* que je sois ce que je suis ; que j'ai gâché ma vie, que je n'ai rien fait, et pire que rien, avec mes chances, que je...

"Vous me comprenez mal", intervint Vestalia , avec une simulation perturbée de calme. "Ce que je voulais dire, c'est que quoi qu'il soit arrivé en dernier lieu, c'est-à-dire à n'importe quel moment avant ce matin, ne fait aucune différence dans mon... mon amour pour toi." Ses yeux s'éclairèrent à la pensée de quelque chose. « C'est vous-même qui avez dit que nous ferions table rase de l'ardoise et que nous recommencerions à zéro. Tu ne te souviens pas ? Et nous devions avoir notre propre conte de fées, pour nous tous seuls. Vous vous en souvenez, n'est-ce pas ?

Il respirait toujours lourdement, mais la tristesse sur son visage commença à s'atténuer à mesure qu'il la regardait. Il avança une de ses mains sur la table à proximité de la sienne et caressa doucement le tissu comme si c'était sa main qu'il touchait. Un sourire las, né dans ses yeux, se renforça et s'étendit pour adoucir tout son visage.

« Oui, je me souviens de tout », songea-t-il avec une sorte de joie désespérée dans le ton. Cela semblait une invitation au silence, et ils restèrent assis un moment sans dire un mot.

Avec l'air contraint de s'être convaincue par l'argumentation que c'était la bonne chose à faire, Vestalia leva tout d'un coup sa main et la posa légèrement sur la sienne. Il lui semblait qu'elle tremblait un peu. Le sien tremblait certainement, bien qu'il le pressât fermement sur la table.

« Maintenant, les mauvais esprits sont tous partis », dit-il ; "C'est à nouveau le pays des fées."

"Ah, nous devons le garder ainsi", répondit-elle, et elle lui serra doucement la main avant de retirer la sienne. L'humeur noire s'était enfuie de lui aussi vite qu'elle était venue. Les yeux de Vestalia rayonnèrent à la vue de sa bonne humeur retrouvée avec lui-même, et elle hocha la tête en signe d'approbation gaie.

« Je crois que nous avons presque épuisé les délices de cet endroit », remarqua-t-il après un bref silence rempli pour tous deux d'un sentiment agréablement suffisant d'amitié à l'aise. "Je paierai la facture et nous trottinerons."

Elle jeta un coup d'œil autour d'elle. «Je me souviendrai toujours de cette chère petite vieille pièce étouffante. Je déteste presque du tout le quitter. Je veux me rappeler à quoi cela ressemble.

« Oh, nous reviendrons souvent », remarqua-t-il légèrement. Puis il lui vint à l'esprit que cette assurance contenait peut-être un élément de témérité. "Avez-vous quelque chose de spécial à faire aujourd'hui?" » demanda-t-il avec une brusquerie maladroite.

La question la troublait et la troublait. «J'allais *fêter* mon anniversaire», murmura-t-elle, avec un sourire mélancolique et vacillant prêt à sombrer dans la dépression.

" Bien sûr, vous êtes; tout est réglé, répondit-il, compensant par la cordialité de son ton la stupidité oublieuse de sa question. « Ce que je voulais dire , c'est… qu'est-ce *que* tu pensais faire avant… avant de savoir que tu avais un anniversaire sous la main ? »

Vestalia examina le fond de sa tasse à café et y toucha avec la cuillère. "Moi? Oh, j'avais plusieurs choses à faire, répondit-elle avec hésitation. « Je devais trouver de quoi manger, trouver un moyen de gagner un peu d'argent, chercher un nouveau logement et voir comment j'allais me nourrir demain, et… et d'autres petites choses de ce genre.

Son commentaire a été précédé d'un petit rire gentil et triste.

« Vous devez aller à l'ancien endroit et récupérer vos affaires », dit-il. "Combien tu dois?"

"Je préfère ne pas *y retourner* du tout." Elle osa le regarder maintenant. "Je ne veux plus jamais poser les yeux sur cette vieille sorcière."

« Mais tes affaires. Si j'envoyais un commissionnaire, les abandonnerait-elle ? — moyennant paiement de la note, bien sûr.

« Ils ne valent pas le prix d'un billet de bus – ils ne valent vraiment pas le coup. Vous voyez, poursuivit-elle avec ses confidences réticentes, j'ai dû tout mettre en gage. Ces vêtements que je porte sont tous les chiffons qu'il me reste.

Mosserop , la regardant avec un regard sympathique, se souvenait très clairement de la robe qu'elle portait au Musée. C'était une couleur étrange — une sorte de bleu verdâtre rouille ; il était fait d'étoffe ordinaire et confectionné sans taille, dans un roman de mode bizarre à ses yeux de la Grosvenor Gallery. Son côté pratique a trébuché sur ce souvenir. « Mais si vous aviez dû mettre des choses en gage, » dit-il, « j'aurais dû penser que ces soieries que vous portez seraient parties en premier. Cette robe que vous portiez au Musée, par exemple, vous n'auriez pu gagner que quelques sous, tandis que ces choses-là, j'ai bien peur, mon jeune ami, que vous n'ayez pas un bon esprit d'affaires.

"Oh, mieux que tu ne le penses", rétorqua-t-elle, les yeux baissés. Ses autres paroles lui coûtèrent un effort visible. « J'ai tout réfléchi et j'ai compris que ma seule chance était de m'accrocher à ces vêtements. Si les gens ne regardaient pas mes bottes, tout allait bien. Les hommes ne remarquent pas beaucoup de telles choses — vous-même ne le faisiez pas au début. Et ma jupe les cachait plus ou moins.

Il regarda son visage détourné, assimilant lentement le sens de ce qu'elle disait. Puis il tourna précipitamment sa chaise de côté, sonna la cloche du garçon, alluma un nouveau cigare et souffla l'allumette avec un soupir qui se transforma en un gémissement audible.

"Que pourrais-je faire d'autre?" » hésita-t-elle, la joue rougissante et le regard empli de larmes par la fenêtre. « Rien que de me jeter à la rivière. Et ça, je *ne* le ferai pas. Ils n'ont pas le droit d'insister pour que je fasse cela. Si j'étais vieux et horrible, cela n'aurait pas tellement d'importance. Mais je suis jeune et je veux vivre. C'est tout ce que je demande : juste la chance de vivre. Et je ne les laisserai pas me voler, si je peux l'empêcher.

Le serveur, comptant la monnaie, embrassa le couple dans une série de regards calmes et en coin. Il exprima des remerciements polis pour le shilling poussé vers lui et ferma la porte derrière lui lorsqu'il quitta la pièce avec une fermeté de toucher accentuée.

La mousse s'est levée. « Viens, mon enfant, » dit-il vivement. "Remonter le moral! Regardez-moi — voyons un sourire sur votre visage. Un peu plus lumineux, s'il vous plaît, c'est plutôt ça. Comme nous *avons* effacé l'ardoise ! Nous recommençons absolument à neuf. Séchez-vous les yeux et nous commencerons. Nous devons nous occuper de nos anniversaires célébrés — et il est grand temps que nous nous y mettions.

Elle se leva et lui obéit en souriant en se tamponnant le nez et les sourcils avec la serviette. Elle se dirigea vers le miroir au-dessus de la cheminée et sourit à nouveau à ce qu'elle vit. Puis elle baissa les yeux sur ses bottes, et son visage prit un éclat qu'il gardait, tandis qu'elle descendait tout près derrière lui l'étroit escalier.

sourit à nouveau à ce qu'elle vit. Puis elle baissa les yeux sur ses bottes, et son visage prit un éclat qu'il gardait, tandis qu'elle descendait tout près derrière lui l'étroit escalier.

CHAPITRE III.

Il y avait un bar devant le restaurant – un bar convivial et familial, de type italien, dirigé par une femme d'âge moyen aux yeux brillants et souriante. Elle connaissait Mosscrop et lui lança un regard aimable de camaraderie méridionale alors qu'il s'avançait, s'arrêta et sortit son chéquier de sa poche. Il y avait aussi deux filles dans le bar, et elles le connaissaient aussi et souriaient gentiment à son salut. Vestalia les observa attentivement et crut que l'une d'elles leur faisait également un clin d'œil.

«J'ai dû m'arrêter et récupérer un peu plus d'argent», a-t-il expliqué alors qu'ils étaient ensemble dans la rue. "Il n'y a aucun autre endroit dans la région où l'on pourrait changer un chèque."

«J'ai remarqué qu'ils semblaient vous connaître», répondit-elle avec réserve.

« Chers gens qu'ils sont ! » il pleure. « Leur vue le matin me fait toujours plaisir. Avez-vous remarqué l'extraordinaire gaieté de tous ? Vous avez vu comment les filles taquinaient le vendeur de glace, et comment le type qui apportait les caisses de soda plaisantait avec les garçons, et comment madame gloussait et ricanait comme une bonne poule, comme s'ils étaient tous sa couvée, et tout le monde semblait aimer tout le monde ?

"Je n'avais pas l'impression qu'ils étaient très attachés à moi", a fait remarquer Vestalia . "En fait, ils ont fait un air renfrogné."

"Absurdité! Bien sûr , ils vous témoignaient de la déférence – vous représentiez une sorte d'inhabitude digne à leur égard, et ils avaient peur de vous sourire. Mais soyez bénis, ils sont aussi simples et doux que des enfants. Ils rient et sourient aux gens simplement par pure amabilité native. Cet endroit est pour moi un tonique le matin où je me sens déprimé et de mauvaise humeur.

"Mais tu ne l'es pas *ce* matin", lui rappela-t-elle.

Pour répondre, il lui passa la main sous son bras. Ils emboîtèrent le pas et avancèrent d'un pas nonchalant vers Oxford Street.

Nous étions à la mi-août et il y avait eu une douche toute la nuit. Le trottoir était encore humide dans ses crevasses et l'air était clair et frais. Un soleil pâle et brumeux commençait à dessiner des ombres dans les rues étroites. Bientôt, il ferait chaud et malodorant ici, mais tout à l'heure, le sentiment du charme de l'été les a découverts même à Soho.

Elle l'avait interrogé sur lui-même. La question était montée assez naturellement à ses lèvres, et elle l'avait posée sans hésitation. Mais lorsque ces mots résonnèrent à ses propres oreilles, ils lui firent peur. L'enquête semblait à la fois personnelle, jusqu'à la grossièreté. La possibilité qu'il en veuille à sa curiosité lui vint à l'esprit et se transforma instantanément en une douloureuse certitude.

« Oh, pardonne-moi ; Je n'avais rien à te demander ! ajouta-t-elle précipitamment.

Il rit et lui tapota le bras. "Pourquoi diable ne le ferais-tu pas?"

«J'ai parlé sans réfléchir», balbutia-t-elle. « Je suppose… c'est ce qui me vient à l'esprit… peut-être que les messieurs n'aiment pas être interrogés… ce que je veux dire, c'est que vous n'avez pas répondu, et j'avais peur… »

"Peur de rien!" il la rassura. « Il ne faut pas rêver d'être indifférent à mon égard. Je serai en colère contre vous si vous le faites. Ma chère petite dame, il n'y a rien au monde que tu ne sois aussi libre que l'air de me dire ou de me demander. J'ai seulement hésité parce que, commença-t-il en lui souriant d'un air triste et fantaisiste , parce que c'est un récit trop compliqué et sinistre pour qu'on puisse s'y précipiter à la légère. Je m'appelle David Mosscrop et je suis un criminel d'habitude de profession. Cela suffira pour commencer.

Vestalia le regarda sérieusement en face, à la recherche d'un signe indiquant qu'il plaisantait. C'était un visage rasé de près, moulé par la nature dans un moule de gravité. Les yeux lui avaient semblé d'un gris agréable lors de son premier examen superficiel ; mais maintenant, en y regardant de plus près, il pourrait y avoir une dureté comme celle de l'acier dans leur couleur . Les lèvres et le menton avaient également une netteté qui pouvait signifier des choses désagréables. Et pourtant, comment pouvait-elle croire ses paroles ? Il était vrai, se rappelait-elle, que, de toute évidence, de nombreux joueurs, cambrioleurs et autres personnages maléfiques étaient, dans la vie privée, des personnes très aimables — aux impulsions notoirement généreuses. Les images des hors-la-loi de la romance, de Robin des Bois à Dick Ryder, se pressaient dans sa vision mentale. Le visage qu'elle regardait en tremblant aurait pu appartenir à n'importe lequel d'entre eux — un peu brouillé par les effets d'une boisson récente, un peu taché dans ses parties inférieures par le besoin d'un rasoir, mais aventureux, subtil, courageux ; surtout, commandant. Son cœur battait à la pensée de sa propre témérité en s'appuyant sur son bras, et elle jeta un coup d'œil rapide vers la grande artère qu'ils approchaient, où il y aurait des foules de gens pour la voir. Puis elle resserra son étreinte et se dit que cela ne la dérangeait pas du tout.

"Tu as dit que je pourrais demander tout ce que je voulais", se surprit-elle à dire. « Quelle est votre ligne de délinquance particulière ? »

« Eh bien, plus précisément, je ne sais pas comment ils me définiraient. Je ne suis pas vraiment un homme de confiance, car personne n'a jamais la moindre confiance en moi. Mon cas est particulier. On ne peut pas dire que je trompe qui que ce soit par mon jeu, et pourtant, sans aucun doute, je relève de la catégorie générale des imposteurs. Je gagne ma vie en obtenant de l'argent sous de faux prétextes .

La jeune fille était franchement perplexe. Cela semblait si pauvre et si méchant que son instinct revint à l'idée originale qu'il plaisantait. Effectivement, elle pouvait voir le rire latent dans ses yeux, maintenant qu'elle regardait à nouveau.

« Vous êtes juste un imbécile ! » » protesta-t-elle et tira sur son bras pour le réprimander. « Dis-moi ce que tu fais, vite ! »

"Comment sais-tu que je fais quelque chose?" il a ordonné. Il serra son bras contre lui, pour montrer à quel point tout cela était amusant.

« Pourquoi ne devrais-je pas être un gentleman au sens large ? Il y a de telles choses, vous savez.

Elle secoua la tête. « Les messieurs en général ne lisent pas beaucoup au Musée en août. Je n'avais d'ailleurs jamais compris qu'ils étaient très enclins à lire à tout moment de l'année. Non, je sais que tu fais quelque chose. Vous êtes dans un métier ; Je peux voir ça. Vous n'êtes pas médecin ; vous êtes trop poli et gentil pour cela. J'ai d'abord cru que vous étiez journaliste, mais ils n'ont pas de carnet de chèques. Oh, dis-moi, s'il te plaît !

Il rit gaiement. « Dix mille suppositions et vous n'y parviendrez jamais. Ma chère dame, je professe Culdees.

Vestalia réfléchit un moment à l'information avec gravité, volant des regards en coin pour savoir si c'était plus son plaisir. « Vous voyez combien je suis ignorante », remarqua-t-elle enfin. « Vous reconnaîtrez tout à l'heure que vous perdez votre temps avec moi. Que *sont* les Culdees ? Ou est-ce une chose ? Je vous assure que je n'en ai pas la moindre idée.

«C'est un secret», lui assura-t-il d'un ton qui se voulait sérieux, mais dévoila une note plaisante à son oreille.

Elle lui secoua joyeusement le bras. "Comme si nous pouvions avoir des secrets le jour de notre anniversaire !" elle a pleuré. « Parlez -moi instantanément de Culdees ! J'insiste."

«Mais je ne sais rien d'eux. C'est le secret : personne ne sait rien d'eux. Je touche un salaire pour avoir consacré trois semaines chaque année à expliquer à une classe de jeunes hommes qui ne désiraient rien savoir des Culdees, que s'ils souhaitaient en savoir plus sur eux , ils ne pourraient pas le faire.

"Y a-t-il d'autres emplois comme celui-là, à votre connaissance?" demanda la jeune fille. "Cela me conviendrait." Puis elle parla avec moins de désinvolture. « J'ai bien peur que vous ayez déjà découvert à quel point je suis superficiel et mal informé. Vous ne pensez pas que cela vaut la peine de parler sérieusement avec moi ! »

Il semblait très affecté par sa réprimande. «Ma chère dame…» commença-t-il avec un sérieux désaveu.

"Non; ce que je veux dire, c'est... » l'interrompit-elle, ravie de sa démonstration de contrition, mais encore plus intéressée par le flux de ses propres idées et le son de sa propre voix, qui avait pris des intonations musicales et des cadences délicatement mesurées depuis. des petits déjeuners qui étaient nouveaux pour son ouïe ravie : « ce que je veux dire, c'est que les hommes n'ont pas de réel respect intellectuel pour les femmes ; ils ne les considèrent pas dans leurs pensées profondes comme leurs égaux mentaux ; ils les considèrent encore, comme leurs ancêtres il y a des milliers d'années, comme de simples jouets, des jouets, des créatures à qui on peut tapoter la joue et dire des bêtises agréables, alors qu'il n'y a rien de mieux à faire. Et le pire, c'est que tant de femmes — une grande majorité — s'en contentent, n'aspirent à rien de plus haut et fixent les règles pour le reste ; et c'est pourquoi les jeunes femmes qui *ont* des ambitions, qui désirent se rendre égales aux hommes et qui se fixent de hauts idéaux de vie intellectuelle, elles… elles se retrouvent… se retrouvent… »

"Ils se retrouvent considérés avec beaucoup de sympathie et d'amitié très sincères par ceux à qui ils sont assez gentils pour donner leur compagnie", a terminé la phrase à sa place . Il sourit intérieurement en serrant encore plus étroitement son bras. La jeune fille n'avait pas l'habitude de boire, et le capri et le marasquin lui étaient montés à la langue. Il était lui-même agréablement conscient de leurs influences et, après y avoir réfléchi, il appréciait d'autant plus sa compagne pour l'innocente intrépidité avec laquelle elle avait suivi son exemple. Le charme de toute cette expérience renforça son emprise sur lui. Il la regardait avec tendresse. « Oui, une amitié très sincère… et de la gratitude », répéta-t-il avec ardeur dans sa voix basse.

Elle ne cachait pas le plaisir qu'elle éprouvait tant dans le regard que dans le ton. « L'idée d' *une véritable* camaraderie est si précieuse à mes yeux, murmura-t-elle , une véritable communion d'esprits. Il n'y a rien d'autre dans la vie qui vaille la peine d'être vécu. Pensez-vous qu'il puisse y avoir une *véritable* amitié sans un véritable respect intellectuel ?

"Oh, je n'insisterais pas trop là-dessus moi-même," répondit-il légèrement. « Je trouve que les types que j'aime vraiment le plus — les hommes avec qui je trouve le plus grand réconfort à passer du temps — sont d'énormes nuls à tout point de vue intellectuel, mais bien sûr (il se surprit à ajouter précipitamment) que est parmi *les hommes* . Je n'ai jamais rien su du tout des amies femmes, c'est-à-dire de ce qu'on peut honnêtement appeler des amies. Mais j'apprends vite. J'en suis arrivé à me former un idéal : elle doit être grande, avec son chapeau effleurant mon col. Elle doit avoir les plus beaux cheveux jaune pâle du monde, le plus joli visage, des bottes françaises neuves… et…

"Vous ne vous souciez pas du tout de son esprit", dit tristement Vestalia .

« Ah, tu ne m'as pas laissé finir. Elle aura un esprit courageux et pourtant tendre, un esprit large et capable mais sans arrogance, un tempérament s'adaptant à chaque humeur passagère, ensoleillé, ombragé, joyeux, pensif, aventureux, timide - tout aussi plein de doux petits détours et rebondissements et des choses inattendues en général comme un jour d'avril. Je ne veux pas qu'elle soit instruite : je devrais la détester pour être logique. Je l'aime telle qu'elle est : je ne la changerais pour rien au monde.

Dans les détails, la définition laissait peut-être à désirer. Mais sa forme de présentation fit rougir de satisfaction la joue de Vestalia . Elle se blottit encore plus contre son épaule pendant une douzaine de pas, et lorsqu'elle s'éloigna alors, lui fit sentir que c'était parce qu'ils étaient à Oxford Street, et pour aucune autre raison.

"Oh, la belle journée!" C'est tout ce qu'elle a dit.

Ils tournèrent à droite et déambulèrent sans but sur le large trottoir, s'arrêtant de temps en temps pour jeter un coup d'œil sur l'étalage d'un commerçant, puis dérivant à nouveau, rapprochés. Dans un coin, devant la vitrine d'un libraire, ils firent une halte plus considérable. Mosscrop parcourait minutieusement les rangées de titres, tout en parlant. Ainsi, entre les commentaires sur les volumes qu'ils regardaient et les remarques vaines sur les sujets que ceux-ci suggéraient, elle reprit ce récit supplémentaire des affaires de sa nouvelle amie.

«Je vous ai dit que j'étais Écossais», dit-il. « J'étais le fils d'un facteur, une sorte d'intendant d'un plus grand domaine, et je n'ai jamais fait autre chose que d'aller à l'école dès le premier instant dont je me souvienne. C'est comme si j'étais né dans une salle de classe et bercé sur un tableau noir. C'est un pays terrible pour cela ; les frais de scolarité couvent dessus comme une peste. Leur idée est de faire du cerveau de chaque enfant une sorte de haggis intellectuel ; plus il y a de choses différentes, plus la renommée du professeur et la fierté des parents sont grandes. Je frémis maintenant quand je pense à tout ce que je savais à l'âge de douze ans. Quant à ma dix-huitième année, lorsque j'ai assisté à l' exposition de Strathbogie , Confucius, John Knox et Lord Bacon se sont présentés en un seul et auraient eu peur de moi. Mes informations étaient épouvantables. Ma mère mourut par excès d'étonnement d'avoir donné naissance à un pareil prodige. Mon père s'est mis à boire. La magnificence de mes connaissances non seulement l'a déstabilisé, mais elle a également débauché tout le quartier. C'est la loi de l'histoire, vous le savez, que les communautés et les nations progressent jusqu'à un certain point, réalisent quelque exploit au cours d'un âge d'or de splendide productivité, puis dépérissent et tombent en graines. Eh bien, ma paroisse, m'ayant produit, a atteint son apogée. L'industrie s'est affaiblie, les entreprises se sont éteintes ; la terre même a cessé de produire autant de maïs à l'acre qu'autrefois. Les gens ne pouvaient rien faire d'autre que se rassembler dans les tavernes et discuter en retenant leur souffle de mes progrès fulgurants à travers les cieux académiques. Oh, j'étais un jeune homme des plus remarquables !

« Il se trouve qu'il y avait aussi un vieil homme remarquable dans mon quartier . Il ne venait de personne en particulier et est parti jeune. Les gens avaient depuis longtemps oublié qu'un tel garçon avait existé, lorsqu'un jour il revint parmi nous, âgé et notoirement riche. Je ne veux pas dire qu'il s'est trompé avec son argent. Dieu sait comment il l'a obtenu ; l'histoire disait que cela avait quelque chose à voir avec le poisson fumé. Quelle que soit sa source, sa richesse était gratuite, absurde et criminelle dans ses dimensions. Il ne lui restait plus aucun ami ou parent. Bien sûr, nous savions qu'il construirait et doterait un établissement d'enseignement. Tous les vieux Écossais riches font cela, comme une affaire ordinaire. Ils ont élevé pour nous une telle myriade de collèges et de séminaires flambant neufs sur chaque flanc de colline que je m'étonne que même les lapins et les faisans puissent échapper à l'apprentissage de l'orthographe. Il y a des logarithmes dans l'atmosphère même.

« Mais ce vieil homme ne devait pas se laisser rebuter par une simple académie. Il a constitué un véritable château d'instruction, une forteresse de savoir de premier ordre. Et il avait une idée de quelque chose qui devrait être unique parmi toutes les écoles du monde. C'était sa propre idée. Même en Écosse, cela n'était venu à l'esprit de personne d'autre. Vous devez savoir que dans l'histoire ecclésiastique écossaise ancienne, disons du VIIIe au XIIe siècle, il y a des mentions occasionnelles de certains limitrophes appelés Culdees, qui semblent avoir dirigé leur propre petit spectacle sacerdotal, quelque chose entre les ermites et les chanoines réguliers... il est absolument impossible aujourd'hui de savoir exactement de quoi il s'agissait. Mais ce vieil homme extraordinaire était très clair à leur sujet. Il avait tout raisonné par lui-même. Il a dit que « Culdees » était, bien sûr, une simple corruption populaire de « Chaldees ». Il aimait discuter de cela avec tout le monde, et il l'a fait , ma parole, il l'a fait ! Personne en Écosse n'est jamais d'accord avec un point de vue ou une opinion avancée par une autre personne, mais l'art du désaccord a été réduit, au fil des âges, à un système délicatement modulé. Tout le monde contestait sa conception ridicule des « Chaldéens » – ils l'auraient combattue tout aussi vaillamment si elle avait été sage – mais c'était un homme très riche et il avait des intentions bienveillantes envers la région, et c'est pourquoi ils l'ont rugi. doucement comme n'importe quelle colombe allaitante. Ils ne pouvaient pas admettre son affirmation, oh non, mais ils lui laissaient sentir qu'ils y réfléchissaient, que cela avait fait une impression dans leur esprit, qu'en temps voulu ils pourraient voir les choses différemment.

« Le résultat fut que le vieil imbécile créa une chaire Culdee dans la faculté de son nouveau collège, et la fit valoir plus d'argent que n'importe quelle autre chaire du lot. La célébrité de mes performances à l'école était alors fraîche et parvenait à ses oreilles. Il m'a donné le logement et me l'a confirmé dans son testament à sa mort, un an plus tard, et c'est tout.

« Et en réalité, vous ne travaillez que trois semaines par an ? Et être payé une année entière de salaire pour cela ?

Vestalia le regarda avec étonnement en posant la question.

Pendant ce temps, ils avaient parcouru la grande artère, l'avaient traversée et s'étaient engagés dans une route latérale plus étroite.

« Cela représente à peine trois semaines complètes de travail », a-t-il répondu. « Il n'y a rien à faire pour faire de nouvelles découvertes. Reeves, Skene et d'autres camarades ont glané la dernière paille dans le chaume. J'ai l'habitude de donner quelques cours chaque automne, mais c'est vraiment une telle connerie que j'ai honte de regarder les étudiants en face, sans parler de mes collègues professeurs. Heureusement, la plupart de ces derniers sont des ecclésiastiques, ce qui rend les choses un peu plus faciles. Ils savent qu'ils sont des fraudeurs aussi importants que moi dans leur propre gamme de produits, c'est pourquoi nous n'en parlons pas.

« Ce qui m'a frappé, commença-t-elle avec hésitation, c'est que vous avez plutôt parlé... ce que je veux dire, c'est que vous n'avez pas l'air d'être très reconnaissant envers le vieux monsieur qui a arrangé tout cela pour vous, et cela me semble la chose la plus merveilleuse. J'en ai déjà entendu parler. Je devrais remercier sa mémoire à genoux chaque jour de ma vie si *j'étais* le professeur de Culdees. Je n'avais pas le courage de me moquer de lui ; Je devrais toujours penser à lui et le vénérer comme mon bienfaiteur ! »

"Hmm!" » dit Mosscrop . "Je ne suis pas sûr de ne pas souhaiter qu'il ne soit jamais né, ou qu'il s'étouffe avec un os d'un de ses foutus méchants finlandais, avant de revenir vers nous !"

La sonnerie de sa voix, comme un cliquetis hargneux de chaînes, lui rappelait avec vivacité la scène de son découragement au restaurant.

Elle se hâta de lui poser la main sur le bras.

"Oh, tu vois où nous sommes?" s'écria-t-elle avec vivacité, saisissant l'occasion de se divertir.

Effectivement, une partie de la façade majestueuse du Musée s'étendait devant eux, remplissant jusqu'à la lourdeur la perspective de la petite rue. Ils s'étaient dirigés instinctivement vers ce rendez-vous prénatal de leur amitié. Leurs yeux s'adoucirent maintenant alors qu'ils regardaient le bloc de maçonnerie gris à piliers qui s'étendait au bout de leur chemin.

"Cela nous attire comme un aimant", a déclaré Moss-crop. « Viens, qu'est-ce que tu dis ? Devons-nous y aller pendant une heure et nous promener comme si nous étions de gentils gens de la campagne venant à Londres pour voir les sites touristiques ? J'aimerais moi-même.

"Le cher vieil endroit!" soupira Vestalia , d'un ton doux.

CHAPITRE IV.

Ce fut une longue heure que le Musée leur réclama.

"C'est toujours ce qui m'attire le plus", a déclaré Mosscrop en entrant. Il tourna à gauche et nous conduisit dans la petite galerie des bustes romains. « Très souvent, je ne vais jamais plus loin. La modernité de ces bonshommes est pour moi une perpétuelle merveille. C'est comme si nous les rencontrions tous les jours. Regardez Caracalla et Septime Sévère ; ils sont exactement comme les membres irlandais. Et voir Pertinax , ici ; Je connais au moins dix vieux fermiers autour d'Elgin qui pourraient être ses propres frères. Observez cet homme Hadrien. Il est l'image absolue de François Ier. Vous connaissez ses portraits à Hampton Court, quoi ? jamais été là? Ah, c'est un endroit où nous irons ensemble. Il y a une photo de Francis là-bas - il est très ivre, apparemment, et il tient la main de la duchesse de Je ne sais quoi, et elle est dans ses tasses aussi, et l'idiot, lorgnant, presque le bonheur simien des deux – oh, ça vaut un long voyage rien que pour voir cette seule photo.

"Cela n'a pas l'air très attrayant", a commenté Vestalia . "Les femmes ivres sont répugnantes, qu'elles soient duchesses ou non."

Mosscrop rit. « Oh, mais il faut tenir compte de la période. C'était la Renaissance, la Renaissance joyeuse, exubérante et insouciante. Si une fois vous en percevez l'esprit intérieur, vous sentirez que c'était la plus glorieuse des périodes. Et François Ier en était le type vivant et respirant. Il y avait un homme pour toi ! Il fêtait *son* anniversaire toute l'année. Et dans ce cas particulier, eh bien, j'ose dire que c'était aussi l'anniversaire de la duchesse. J'aurais pensé que vous seriez plus indulgent envers un double anniversaire aussi agréable.

Vestalia le regarda d'un air dubitatif. « J'espère que vous ne voulez pas dire que *je* suis dans mes tasses, comme vous l'appelez », dit-elle.

Il se moqua de ses soupçons. « Non, je ne vous laisserai pas faire allusion à une chose aussi absurde. Mon cher ami, je dois cultiver ton sens de l'humour . Les racines existent, mais la croissance est étouffée par les mauvaises herbes de Lambeth – ou était- ce Kennington ? Nous devons les faire lever.

"Mais je ne sais pas *quand* tu plaisantes", protesta-t-elle. « D'ailleurs, j'ai toujours compris que les Écossais n'étaient pas un peuple plaisant. »

« Ah, vous confondez deux choses. On dit de nous, avec quelque raison, que nous sommes lents à comprendre les plaisanteries des autres. Mais il n'y a pas de fin à faire des plaisanteries par nous-mêmes. Et… ah, voici Néron. J'aime Néron !

"C'est aussi une blague ?"

"Ah, non," répondit-il plus sérieusement. « Il est dans ma nature d'aimer tous les gens que l'histoire a choisi de condamner. Si vous connaissiez le genre de créatures qui ont écrit les histoires – les vieilles chroniques et archives, etc. – vous comprendriez mon point de vue. Ils étaient pleins de mesquineries et d'intolérances étroites ; ils ont calomnié tous ceux qu'ils ne pouvaient pas faire chanter. Prenons le cas de Richard Lionheart et de son frère John, dans votre propre histoire anglaise. Le premier était un canaille féroce et turbulent, qui négligeait sans honte tous ses devoirs de royauté, pillait ses propres sujets par la torture et la rapine, et était tout à fait une malédiction pour son propre peuple et pour tous les autres. Le simple fait qu'il ait un goût pour les chansons et la musique l'a sauvé. Il a beurré les bardes et ils l'ont inscrit dans l'histoire en tant que héros. C'est exactement la même chose que font aujourd'hui les hommes politiques qui s'efforcent de se lier d'amitié avec les journaux. D'un autre côté, John était un monarque modèle, diligent, travailleur, extraordinairement attentif à ses devoirs, voyageant sans cesse à travers le pays pour tenir des tribunaux et réparer les torts subis par les pauvres de la part des barons et des seigneurs. abbés et autres voyous puissants. Il est évident que les pauvres gens l'aimaient ; après tous ces siècles, son nom reste le nom de baptême le plus populaire parmi eux. Mais les bardes et les chroniqueurs moines étaient à la solde des barons et des abbés, et ils nous présentent Jean comme le plus méchant scélérat de l'histoire anglaise. C'est ainsi que cela a toujours été fait. J'aimerais avoir la version de Néron de son histoire. Je sais qu'il devait être un homme remarquable pour avoir attiré si violemment les historiens contre lui. Je ne serais pas surpris s'il allait vraiment aussi bien que Richard III.

"Comme c'est amusant!" » dit Vestalia à ce stade, et Mosscrop ne tarda pas à comprendre l'allusion. Ils passèrent par les salles grecques, où la jeune fille avait plus de chance. Elle avait connu quelques étudiants qui avaient l'habitude de donner des jours pour offrir des sacrifices de temps, de crayons et de bon papier blanc devant les statues les plus à la mode, et cela lui avait conféré ce qui semblait à son compagnon une connaissance exhaustive de l'art hellénique. art. Cet avantage la suivit et resta avec elle au milieu des fragments sombres et élevés du mausolée, et brillait autour d'elle lorsqu'ils affrontèrent la frise du Parthénon.

« Ce n'est pas mon sujet », remarqua-t-il avec ravissement. « Ceci est un Hermès, dites-vous, et cela est une Déesse ailée de la Victoire. Ah, et c'est un Dieu de la rivière. Je ne pense pas être déjà venu ici auparavant. C'est charmant de venir avec vous. Nous nous complétons. Effectivement, j'aurais dû prévoir que vous connaîtriez l'art grec. C'est justement le domaine qui attirerait une belle jeune femme. Cela vous va, cela vous appartient.

"Comment maintenant!" le réprimanda-t-elle en levant un doigt en signe de protestation ludique.

"Oh," insista-t-il, "si je ne dois pas dire que tu es belle, autant ne pas avoir d'anniversaire du tout. C'est là son fait le plus élémentaire, qui est au fondement même de tout. L'ignorer serait comme essayer de célébrer le 5 novembre sans homme.

à nouveau un regard dubitatif. « Je ne sais pas du tout comment prendre ça », avoua-t-elle avec un frémissement sur la lèvre.

Il rit franchement et lui tapota gaiement l'épaule. « Ma légèreté anormale du grenier est entièrement due à la frise. Je suis un chat dans un étrange grenier ici. Hâtez-vous avec moi dans les salles assyriennes, si vous voulez voir le plus haut degré de solennité qu'il est donné aux mortels d'atteindre.

Il ne tint pas parole lorsqu'ils commencèrent à flâner devant les tablettes sculptées de Ninive et de Khorsabad . Il ne pouvait s'empêcher de donner des instructions à son compagnon, car c'était *son* sujet, mais il se surprit à les assaisonner de toutes sortes de commentaires enjoués sur le texte sérieux. Il avait tellement de choses à dire, aussi grave que ludique, que Vestalia lui prit le bras et s'appuya dessus alors qu'ils progressaient lentement à travers les longs couloirs. Le contact était pour lui exaltant. Il ne pouvait pas être sûr qu'elle assimilait une grande partie de son discours, mais au moins sa feinte d'intérêt était très jolie, et le contact de son bras dans le sien était plein d'inspiration pour sa langue.

Dans le sous-sol, ou crypte, il se tenait devant les lions d'Assur- Banipal et parlait longuement. Elle dit qu'elle avait lu « Sardanapale » de Byron et il lui raconta comment ces détestables linguistes, les Grecs, avaient modifié le nom, et comment les légendes assyriennes d'un grand guerrier et souverain avaient été déformées dans la version hellénique pour dépeindre un sublimation de la mollesse débauchée et du luxe devenu fou. Elle écoutait avec son épaule contre la sienne — mais maintenant il avait aussi d'autres auditeurs.

« Excusez-moi, monsieur », dit la voix pressante et anxieuse d'un inconnu derrière lui, « mais vous semblez en effet être extraordinairement bien informé sur ces sculptures ici. J'espère que vous ne vous opposerez pas à ce que ma fille et moi soyons là où nous pouvons entendre vos remarques.

Mosscrop se retourna et vit devant lui un homme âgé, à l'expression douce, aux cheveux et à la barbe d'une extrême blancheur. Il était sobrement vêtu et portait à la main un chapeau à larges bords en paille blanche tressée. Il s'inclina courtoisement et désigna d'un geste doux la jeune femme qui se tenait à ses côtés.

« Je serais ravi, monsieur, que ma fille ait le privilège de profiter de vos remarques », répéta-t-il en s'inclinant de nouveau.

La fille était une fille brune, bien équilibrée, habillée avec beaucoup d'élégance. Son visage était d'un type remarquablement oriental, avec des tresses noir charbon tirées bas sur les tempes et une peau d'une teinte ivoire uniforme. Elle ne dit rien, mais regarda les cheveux de Vestalia .

Mosscrop parla quelque peu brusquement. "Vous êtes certainement les bienvenus, mais il se trouve que j'ai terminé mes remarques, comme vous les appelez."

"C'est dommage", répondit l'inconnu avec un soupir de résignation. « J'en ai entendu suffisamment pour me convaincre qu'ils étaient de premier ordre. C'est notre malheur, monsieur, le mien et celui de ma fille, d'être arrivés trop tard. Je présume, monsieur, que vous avez accordé une attention particulière à cette branche d'études ?

Le professeur de Culdees hocha brièvement la tête.

« Et puis-je me permettre de vous demander, monsieur, insista le vieillard, si vous êtes professionnellement engagé à transmettre aux autres les connaissances que vous avez ainsi acquises ?

Un sourire orageux commença à se dessiner aux coins de la bouche de Mosscrop . Il hocha de nouveau la tête.

« Mon intention en posant cette question n'est pas une vaine curiosité, monsieur, » poursuivit l'autre. «Mon désir de toujours de visiter l'Europe et de contempler ses ruines vénérables et ses remarquables accumulations d'objets d'intérêt historique et artistique, s'est réalisé à une époque, malheureusement, où le fardeau de mes années, sans me priver des plaisirs de l'esprit, me rend moins capable de rechercher de nouvelles informations que je n'aurais dû l'être autrefois. Cela aussi, je ne le vois que trop clairement, ne me convient pas pour servir de guide et d'interprète, au milieu de ces trésors du passé, à un jeune esprit tellement plus frais et plus enthousiaste que le mien. Je le reconnais , monsieur, franchement, et je serais heureux de discuter avec les personnes compétentes d'un arrangement possible, par lequel mes lacunes pourraient être comblées à cet égard.

La courtoisie élaborée et déférente avec laquelle le vieux gentleman parlait rendait impossible une réponse brève. Mosscrop regardait de père en fille avec un sourire perplexe.

« Vous êtes Américains, je suppose ?

"Nous sommes de Paris, monsieur." Il s'empressa d'ajouter : « De Paris, Kentucky. Je m'oppose à cette explication, car je constate que parmi les étrangers, il y a souvent une tendance à confondre notre ville avec la célèbre métropole du continent, qui porte le même nom, mais est un lieu d'un caractère entièrement différent. Cependant, pour un érudit comme vous, j'aurais pu comprendre qu'une telle erreur serait impossible. Je vous demande pardon, monsieur.

"Oh, n'en parle pas," répondit Mosscrop avec légèreté. Il ne se souvenait pas d'avoir jamais entendu parler d'un tel endroit auparavant, et fut un instant tenté de le dire. Mais il y avait dans le visage et dans les manières du vieillard un effet de douce simplicité qui retenait sa langue. « Eh bien, » dit-il à la place, « que souhaites-tu ? Je ne suis pas sûr d'avoir entièrement compris votre idée. Veux-tu que quelqu'un vienne avec toi et te montre des choses ?

"Pas dans le sens ordinaire qui s'attacherait à cette description", répondit l'autre. « Nous n'avons pas besoin qu'on nous montre des choses au sens littéral du terme, mais j'avais pensé que si nous étions assistés, dans notre inspection des divers objets d'intérêt pour lesquels l'Europe est à juste titre célèbre, par quelque personne érudite et également d'un style d'accouchement exceptionnel, l'expérience aurait une bien plus grande valeur pratique pour ma fille. Bien sûr, monsieur, je suis conscient qu'une assistance professionnelle de ce haut caractère ne peut être obtenue sans une compensation proportionnelle, mais c'est une considération qui ne présente aucun obstacle à mon esprit.

David sentit trembler la main de Vestalia sur son bras.

« Je vois, » dit-il plus aimablement, « qu'une telle relation pourrait être extrêmement bienvenue pour beaucoup d'hommes méritants et très capables. Mais pour le moment, j'ai le regret de dire que je ne trouve personne à vous recommander. D'ailleurs, tu ne me connais pas d'Adam ; alors comment pourrais-je donner un personnage à quelqu'un d'autre ?

« Je vous demande pardon, monsieur, » répondit le vieux gentleman, « mais nous avons pris la liberté de vous suivre de près tout au long des deux derniers longs couloirs. Vous étiez apparemment tellement absorbé par votre sujet que notre proximité a échappé à votre attention, mais nous avons écouté avec le plus profond intérêt, et je peux dire aussi une amélioration, tout ce qui est sorti de vos lèvres. J'ai ainsi pu, monsieur, me faire une appréciation de vos caractéristiques individuelles non moins que de vos connaissances. Je puis ajouter, monsieur, que je suis particulièrement impressionné par le fait que ma fille, du début à la fin, a manifesté un empressement exceptionnel à ne rien manquer de votre discours. Comme l'objet principal de ma visite en Europe, comme d'ailleurs de toute mon existence, est de fournir à ma fille les plus hautes formes de plaisir intellectuel et d'édification, je ne peux fermer les yeux sur la découverte que vos remarques sur l'histoire assyrienne ont produit un impression bien plus profonde sur son jeune esprit que tout ce qu'il a été dans la portée de mes propres pouvoirs décroissants de produire pour elle. Je l'ai rarement vue aussi absorbée, même lors de nos meilleures conférences.

David étouffa un bâillement et fit une petite révérence dans laquelle, en se retournant, il s'efforça d'inclure la jeune Américaine dont la culture était l'objet de tant de sollicitude. Son mouvement surprit sur son visage une expression de lassitude méprisante, qui semblait rendre tout le visage alerte et lumineux de sentiment. À la vue de ses yeux, ses traits de sultane se composèrent à nouveau d'une tranquillité presque impassible . Elle le regarda un instant avec indolence, puis détourna calmement son regard vers les choses en général. Il y avait dans ce regard passager un défi qui lui faisait remuer le sang.

«Eh bien, ce que vous dites est sans aucun doute flatteur», dit-il au père d'une voix légèrement altérée. "Il se pourrait que… que je puisse trouver quelqu'un pour toi."

Le vieux monsieur s'inclina cérémonieusement. « Permettez-moi de dire, monsieur, que j'ai trouvé quelqu'un , une personne possédant des qualifications uniques pour le poste que j'ai décrit. Je n'ai besoin de rien d'autre que du pouvoir d'influencer sa décision d'une manière favorable à mes aspirations. Il se tourna vers Vestalia . "J'ai le courage, madame, de solliciter votre aide pour réconcilier votre mari avec mon projet."

de Vestalia flotta brusquement sur le bras de David et elle entrouvrit les lèvres pour parler. À ce moment-là, on entendit un reniflement moqueur de la part de la fille.

"C'est ma règle de ne jamais intervenir", répondit Vestalia avec une décision soudaine et d'une voix froide et distincte. "Il est tout à fait capable de régler de telles questions par lui-même." Elle regardait de père en fille et retour avec un œil impressionnant.

Mosscrop rit avec inquiétude. "Eh bien, j'ai bien peur que vous deviez considérer que cela est réglé. Je vois à peine comment profiter de votre offre très complémentaire."

L'Américain perçut une note d'hésitation dans sa voix. « Peut-être y réfléchirez-vous », dit-il en fouillant la main dans la poche intérieure de sa poitrine. « Permettez-moi, monsieur, de vous remettre ma carte. Adèle, tu as un crayon ? Merci. J'y inscrireai le nom de l'hôtel où nous résidons.

Mosscrop prit la carte, y jeta un coup d'œil et hocha la tête. "Dans le cas extrêmement improbable où je changerais d'avis, je vous le ferai savoir", a-t-il déclaré. "Bonne journée."

Au moment de se séparer, le père sembla lire dans les yeux de la fille qu'il oubliait quelque chose. Il hésita un bref instant ; puis son visage aimable s'éclaira. « Excusez-moi, monsieur, observa-t-il, mais j'ai négligé de m'informer sur votre identité, si je puis présumer à ce point. »

David fouilla en vain dans sa poche. « Je n'ai pas de carte avec moi. Je m'appelle David Mosscrop . Le Barbary Club me trouvera. Je vais l'écrire pour vous.

Le vieil homme scruta les gribouillages de son carnet, puis, après de nouvelles révérences, emmena sa fille. Elle marchait derrière lui d'une manière fièrement indifférente, la tête en l'air, et quelque chose comme une fanfaronnade dans les mouvements de sa silhouette.

Mosscrop les observa d'un œil ruminant jusqu'à ce qu'ils quittent la pièce. Puis il jeta un coup d'œil à la carte et éclata de rire. "M. Laban Skinner, Paris, Kentucky. — Hôtel Savoy, lut-il à haute voix.

« Écorcheur ? Leur nom est-il Skinner ? » » demanda Vestalia avec empressement.

«Aucun autre. Pourquoi? C'est un bon nom pour eux, n'est-ce pas ?

"Oh oui, assez bien", répondit la jeune fille, parlant maintenant avec une nonchalance exagérée.

« Ces Américains sont des gens pittoresques ! » commenta Mosscrop . « Si je devais mettre littéralement les discours de ce vieux type dans un livre, personne ne les croirait. Imaginez le sort d'une jeune femme condamnée à être traînée autour du globe enchaînée à un vieux phonographe absurde comme celui-là ! Cela fait vraiment mal au cœur d'y penser. Très belle fille aussi.

Vestalia retira son bras. « Peut-être, » dit-elle d'un ton glacial, « si vous vous dépêchiez, vous pourriez les rattraper. Je dois insister pour que vous ne me permettiez pas de vous retenir, si vous êtes tellement intéressé. Je m'en sortirai très bien tout seul. Mosscrop comprit lentement ce qu'elle voulait dire, après un examen minutieux de son visage rouge et perturbé. Quand il s'agissait de lui, il criait sa gaieté. Un coup d'œil autour de la chambre lui montra qu'ils étaient seuls avec les lions et les effigies sculptées de Sardanapale.

Il passa un bras autour de la taille de Vestalia et lui donna une pression bruyante mais fugace.

"Pourquoi, espèce de petit canari, crois-tu que je t'ai oublié ?" il pleure. « N'ai-je pas pensé à chaque minute au contact de ton bras dans le mien ? N'ai-je pas maudit sans cesse ce vieux bavard parce qu'il interrompait notre anniversaire ? Regardez-moi ! Vraiment, tu n'as pas honte ?

Elle lui permit de relever la tête, le doigt sous le menton, et elle fit un effort courageux pour sourire au regard qu'il portait sur elle. "Si c'est vraiment - oh, vraiment - toujours notre anniversaire - le même qu'avant," répondit-elle mélancoliquement.

«C'est cent fois plus notre anniversaire que jamais!» » protesta-t-il vigoureusement.

Un gardien âgé en uniforme entra dans la pièce d'un pas traînant.

"Eh bien," murmura Vestalia , "allons ailleurs pour célébrer le reste. Tous ces animaux de pierre, ces images et ces momies, je n'ai pas l'impression qu'ils m'ont porté chance le jour de mon anniversaire.

Ils repartirent donc vers le soleil, et Mosscrop se dit heureux du changement. Où doivent-ils aller ? Il se retrouva vide de suggestion. Être responsable du divertissement convenable d'une jeune femme pendant la journée était une expérience nouvelle, et il le disait.

"Oh, promenons-nous", a-t-elle exhorté. «J'adore ces vieux Bloomsbury Squares. Ils sont tellement stupides.

L'heure du déjeuner arriva et se présenta à Mosscrop comme un prétexte bienvenu pour prendre un fiacre. Une certaine appréhension informe de rencontrer quelqu'un qu'il connaissait — bien qu'il n'aurait jamais pu dire pourquoi cela devait être redouté — avait allié le plaisir de sa promenade. Ils se rendirent dans un autre restaurant, cette fois plus grand, dans un quartier plus prétentieux — et même s'ils avaient une petite table pour eux seuls, la salle était pleine d'autres personnes.

David connaissait les déjeuners ainsi que les petits déjeuners. Il donna au serveur des instructions très minutieuses pour faire fendre et griller un tétras, et il parcourut la liste des champagnes avec la discrétion confiante d'un expert. "Je vais donner encore un essai à ce numéro 34a", dit-il au majordome. "Refroidissez-le à 48, et nous verrons alors à quoi ça ressemble."

Vestalia a noté qu'il parlait aux serveurs sur un ton doux et grave, avec des nuances de douce mélancolie et d'autorité affectueuse qui s'y mêlaient subtilement, qu'il n'utilisait avec personne d'autre. Il lui donnait l'impression d'être à son meilleur à table. Elle l'aimait particulièrement quand il prenait le bouchon des mains du majordome, le pinçait tendrement avec le pouce et l'index pendant qu'il l' examinait , puis souriait courtoisement d'approbation au serviteur. Cet homme portait une chaîne autour du cou, et la bouteille qu'il apportait était enveloppée dans une nappe amidonnée, et la jeune fille les observait avec l'intérêt qui s'attache à la nouveauté. Mais c'était encore plus intéressant de voir avec quelle perfection son compagnon présidait à tout.

Elle-même était beaucoup moins à l'aise. David remarqua qu'elle gardait autant que possible ses mains sur ses genoux sous la table pendant le repas, et qu'il y avait dans son comportement général un air de contrainte qui manquait au petit-déjeuner. Il attribuait cela à sa timidité parmi tant de gens occupés dans l'appartement bondé, et lui parlait vivement de temps en temps pour la rassurer. Surtout, il se chargeait de garder son verre rempli, et il était presque péremptoire dans son ton avec elle à propos du tétras. Elle mangea ensuite son morceau jusqu'au bout avec une douce résolution.

Lorsqu'ils furent de nouveau à découvert, il la rallia à la méfiance dont elle avait fait preuve. « Ça ne vous dérange pas qu'il y ait beaucoup de gens dans les parages », dit-il d'un ton paternel. « Ils vont là où se trouve la meilleure cuisine, et c'est la sagesse d'y aller aussi ; d'ailleurs, ils sont trop contents de voir parmi eux une jolie tête. N'as-tu pas senti à quel point j'étais fier de toi pendant tout ce temps ?

Dehors, elle avait tout à fait repris courage et assurance. Elle lui sourit avec une franche gaieté. « Je vais vous dire comment être encore plus fier », dit-elle. "Je sais que cela ne vous dérangera pas que je le dise, mais je devrais vraiment avoir des gants."

« Je suis une brute de ne pas y avoir pensé », se reprocha Mosscrop . « Voici un endroit, juste à portée de main. Je peux entrer, cette fois, je suppose, sans poser de questions.

Elle leva un doigt vers lui, en guise de monition. Puis, alors qu'ils se tournaient pour entrer dans la boutique, elle murmura : « J'ai vu cette Américaine qui regardait de tous ses yeux mes mains nues. »

« Oh, pshaw, beaucoup de femmes ne portent pas de gants. Vous ne devez pas vous méfier autant de tous ceux qui vous regardent. Cent contre un, ils pensent tout le temps à eux-mêmes.

« Ah, mais tu ne connais pas les femmes », s'arrêta-t-elle à mi-chemin dans l'entrée pour murmurer. "Je pouvais lire dans ses yeux qu'elle avait remarqué que je n'avais pas de bague."

« Eh bien, et là aussi, protesta Mosscrop , vous exagérez l'importance de la chose. Beaucoup de femmes non plus ne portent pas de bague, du moins dans les occasions ordinaires.

Elle le regarda avec des yeux joyeux. « Peut-être n'avez-vous pas remarqué que j'étais censée être une femme mariée », dit-elle avant de se tourner brusquement vers le comptoir.

CHAPITRE V.

Ah moi ! Même le jour le plus long et le plus heureux doit avoir une fin ! » soupira Vestalia .

"Ce n'est pas une idée nouvelle", a répondu David. "Mais je n'avais jamais compris à quel point cela pouvait être importun."

Ils se parlèrent d'un ton doux, plein de regrets et rêveur, à travers l'obscurité immobile de la nuit d'été nuageuse. Ils avaient été les derniers à quitter le bateau de Greenwich, lors de son dernier retour à ses amarres de la ville, et ils s'arrêtèrent un instant sur la jetée flottante après le départ des autres - la douce ondulation de la marée sous leurs pieds, leur regard fixé sur l'étendue noire et silencieuse du fleuve.

Rétrospectivement, la journée avait été en effet très longue et tout à fait heureuse. Sa structure de délice avait été élevée sur les fondations les plus simples et les plus innocentes. Ils s'étaient d'abord rendus au Jardin Zoologique, qui, par hasard, s'était imposé aux recherches mentales de Mosscrop comme une ressource non exceptionnelle. Là non plus, l'inspiration ne lui manqua pas, car lorsque les grands chats mangeurs d'hommes eurent été nourris, que les immondes hyènes d'à côté s'étaient rauques et que les charmes de l'histoire naturelle avaient commencé à décliner, la pensée notable du dîner de poisson à Greenwich se leva avec une splendide opportunité dans son esprit.

C'est après cette fête, alors qu'ils se promenaient tous deux sous les grands arbres, que le crépuscule les surprit. Les ombres, à mesure qu'elles s'approfondissaient parmi les navires lointains et descendaient pour atténuer la blancheur réfléchie du ciel oriental au-delà du fleuve, apportaient la rêverie à leur suite. Mosscrop trouva un goût amer dans son cigare et en alluma un autre avec impatience. La jeune fille s'appuya sur son bras avec une nouvelle suggestion de dépendance. Ils descendirent au quai d'un commun accord, avant l'heure fixée, et, s'asseyant sur un banc au fond, regardèrent distraitement l'eau avec seulement un mot de temps en temps. La soirée se referma autour d'eux alors qu'ils étaient assis ainsi. Puis le bateau arriva, ils montèrent à bord et s'établirent dans une relative retraite à l'arrière, toujours dans un silence presque ininterrompu.

Et maintenant, le voyage accompli était également derrière eux. Ils se tenaient serrés l'un contre l'autre, se balançant au léger mouvement du radeau sur les eaux clapotis, et ruminant tristement sur le fait que leur journée était terminée.

« Nous finissons comme nous avons commencé : avec la rivière », murmura Vestalia . Elle trembla à son contact tandis qu'elle parlait.

"Vous souvenez-vous des répliques de Henley", dit David d'un ton méditatif—=

`` `" 'L'odeur des navires (ce gage de romance),

```Une sensation d'espace et d'eau, et ainsi

```Un pont éclairé par une lampe touchant le ciel troublé,

```Et regarde, oh regarde ! un enchevêtrement de lueurs argentées,

```Et les lumières sombres, notre rivière et tous ses rêves,

```Ses rêves d'un passé mort qui ne peut pas mourir. '"=

"Non, il ne peut pas mourir", dit lentement Vestalia . « Mais l'heure de son enterrement n'en est pas moins proche. Ah, la belle journée !

Ils se tournèrent et accélérèrent l'ascension, puis, à travers des rues obscures et désertes, ils se dirigèrent enfin vers l'espace ouvert autour de Saint-Paul. Les nuages s'étaient séparés et le grand dôme se dressait dans son immensité sur une lumière éparse venant du ciel. Ils s'arrêtèrent pour l'observer, et pendant qu'ils se tenaient debout, les brumes laineuses au loin se dissipèrent, et le plein éclat de la lune ronde inonda la perspective. Mosscrop leva les yeux vers le satellite flamboyant, puis vers son compagnon. Une nouvelle pensée brillait dans ses yeux.

– Et ah, le beau demain aussi ! » dit-il avec confiance. « Mon bon enfant, conçois-tu que le monde finisse quand le soleil se couche ? Suis-je moins votre ami au clair de lune que je ne l'étais pendant la journée ? Sommes-nous changés par le fait que les lampes sont allumées ?

Vestalia tourna son visage dans l'ombre et ne dit rien. Mosscrop sentit sa respiration profonde contre son bras.

« Vous avez été très consciencieux et obéissant toute la journée », commença-t-il alors qu'ils se dirigeaient vers Ludgate Hill. « Je rejette l'idée selon laquelle vous êtes désormais capable de vous mutiner. Parlons franchement, chère petite dame. Comment peux-tu supposer qu'après avoir veillé sur toi toute la journée et m'être chargé volontiers de ton bien-être dès avant le petit déjeuner, je puisse maintenant me laver les mains de toi et te dire calmement « au revoir » au coin d'une rue ?

"Vous avez été très *très* gentil", balbutia Vestalia .

« Et pour cette raison , il s'ensuit que je devrais être très insensible et brutal maintenant, n'est-ce pas ? Je ne vois pas la logique moi-même.

"Je ne voulais pas du tout dire ça", intervint-elle à voix basse. Elle baissa la tête pour que Mosserop ne puisse pas voir son visage.
```

« Nous développerons et analyserons vos intentions à notre guise », dit-il avec une note d'autorité. « Il est plus important pour le moment de préciser ce que *je* veux dire. Les faits sont la simplicité même. Vous n'avez pas de maison, pas de biens, pas d'endroit où dormir, et vous ne savez pas d'où viendra le petit-déjeuner du matin. Vous êtes une belle fille, et il est vrai que notre civilisation est tellement arrangée que les belles filles meurent rarement de faim. Je ne me souviens pas d'avoir entendu parler d'un seul cas, d'ailleurs. Mais votre position nécessite impérativement l'aide de quelqu'un. Il a crié à l'aide tôt ce matin. Il se trouve que l'appel a été entendu et répondu. Si nous étions superstitieux, nous dirions cela providentiel.

"Oh, mais je le fais!" protesta la jeune fille.

– Eh bien, nous *sommes* superstitieux, et c'était *providentiel* . Ces choses sont régies, m'informe-t-on, par des lois immuables. Ergo, c'est toujours providentiel. Qui sommes-nous pour aller à l'encontre de la Providence ? Je vous adjure de mettre de côté ces pensées impies !

Un petit souffle sanglotant fut sa seule réponse. Il devina qu'elle avait les larmes aux yeux et ralentit le pas tandis qu'ils marchaient dans l'obscurité de la descente déserte. En bas, sous le pont, les lumières scintillantes de Fleet Street lui rappelaient que les magasins étaient encore ouverts.

« J'ai mentionné que vous n'aviez rien », reprit-il après qu'ils eurent parcouru le cirque en silence. « Il y a des petites choses que vous voulez : les nécessités des toilettes, *et cetera* . Voici une boutique ; prenez ce souverain et récupérez les morceaux de mercerie qui vous viennent à l'esprit, comme ceux qu'une dame mettrait dans sa trousse de toilette si elle passait la nuit à la campagne. Je vais traverser le chemin pour récupérer le sac lui-même et je reviendrai te chercher.

Il remplit sa part de l'entreprise avec un plaisir presque enfantin. Les trousses de toilette pour dames coûtent plus cher qu'il ne l'avait imaginé, mais le commerçant lui a dit qu'il accepterait un chèque. David trouva quelque chose qui lui venait à l'esprit : une bagatelle à la fois délicate et volumineuse, avec de jolis flacons en argent rangés d'un côté et une collection étonnamment complète de petits ustensiles : des ciseaux, des pinces à friser, un nécessaire à manucure et d'autres outils dont il pouvait comprendre l'importance. pas même de deviner — emballé dans de petites poches et crevasses pittoresques. Le cuir extérieur était riche à l'œil et délicat au toucher.

A quelques portes brillaient les symboliques lumières rouges et bleues d'une pharmacie. S'y précipitant, il se jeta avec empressement à acheter des liquides pour remplir ces imposants flacons. Le commerçant le conseilla, d'abord froidement, puis avec un enthousiasme croissant. Les meilleurs parfums et vinaigres étaient chers, certes, mais ils *étaient* les meilleurs et se porteraient garants auprès de tout esprit féminin cultivé. Il y avait des savons et des produits cosmétiques cachés pour ravir tous les cœurs tendres. Et en ce qui concerne les pinceaux, il y en avait quelques-uns à dos argenté, ainsi que le peigne, assortis aux flacons. La liste fut donc remplie et David écrivit un autre chèque avec un sourire fier.

Vestalia se tenait à la porte du magasin, attendant avec un petit paquet de papier à la main. Mosscrop fut déçu par sa taille et le fourra dans le sac d'un geste dédaigneux. Ils continuèrent leur promenade dans la rue et il regarda chaque fenêtre éclairée avec un œil plein d'espoir. L'exposition de marchandises purement masculines ou neutres l'offensait. Le fantasme du shopping possédait son âme.

« Mais tu devrais vraiment les avoir. Vous ne vous comportez pas gentiment avec moi en disant continuellement « non », insista-t-il à plusieurs reprises, alors que la pression du bras de son compagnon l'éloignait des fenêtres tentantes. Elle consentit enfin à l'achat de quelques pantoufles — et il veilla à ce qu'elles soient les plus belles que les étagères offraient — de petites choses douces et luxueuses, avec des doublures de satin et des boucles de nacre. Une fois mis dans le sac, celui-ci était rempli. Il reconnut le fait avec un soupir de regret.

Les vieilles horloges grinçantes du beffroi de Saint-Clément Danois se mettaient en mouvement à leur passage, et les anciens carillons sonnaient toute l'heure. Il était neuf heures.

«J'avais pensé à un music-hall», remarqua-t-il. « Mais nous avons eu une journée assez chargée – et une longue journée aussi. Je sais que tu dois être fatigué.

«Peut-être… juste un peu», répondit-elle doucement.

« Ensuite, nous rentrerons à la maison », dit-il avec décision.

Ce n'était pas un quartier de Londres que Vestalia connaissait très bien. Mosscrop la conduisit le long du Strand pendant un petit bout de chemin, puis traversa et remonta une rue secondaire, puis tourna dans un chemin encore plus étroit. Les chaises longues en lambeaux qui bordaient l'allée avaient un aspect sinistre, et presque chaque bâtiment semblait être un pub. Au dernier coin, un piano-orgue d'un volume inhabituel secouait l'air avec un vacarme mécanique assourdissant. L'homme tournait la manivelle si vite, et les enfants qui dansaient, dans le rayonnement de la taverne aux portes ouvertes sur le trottoir, faisaient un tel vacarme qu'elle pouvait à peine distinguer le mouvement de l'air vulgaire. Aux confins de l'obscurité, au-delà, on distinguait encore d'autres enfants, jouant bruyamment au pied de groupes de grosses femmes vêtues de châles couleur de brouillard et de tabliers blancs.

Au-dessus de tout le tumulte et des regroupements sordides de l'humanité, couvait l'odeur âcre et moisie d'un antique bidonville du centre de Londres.

Tous deux se tournèrent sous une arcade et, comme par magie, l'atmosphère se rafraîchit et le brouhaha cessa. Une petite place de bâtiments vénérables se dessinait vaguement dans la lumière incertaine du ciel. Çà et là, derrière quelque fenêtre à rideaux, une lampe faisait une vague brèche dans l'obscurité. Le léger gémissement doux d'un violoncelle s'éleva de quelque part à l'extrémité de l'espace. Un homme robuste avec une bande d'or sur son grand chapeau se révéla un instant sans bruit, leva le doigt pour saluer Mosscrop et se fondit de nouveau dans l'ombre. S'ils l'avaient dépassé, ou s'il les avait dépassés, Vestalia pouvait difficilement le dire. Tout cela était très étrange et un peu sombre . Un rayon de lune éclairait les nuages changeants et tombait sur les façades des maisons d'en face. Il y avait des tablettes d'ornementation gris pâle incrustées dans leur masse de briques sombres, qui ressemblaient à des pierres tombales. La jeune fille trembla et s'accrocha au bras de Mosscrop comme pour s'arrêter.

Soudain, après une brève gamme préliminaire de notes de piano, la voix claire et exercée d'une femme tomba sur le silence d'une chanson – une mélodie grave et simple pleine de tendresse. Ils s'arrêtèrent pour écouter un instant, et Vestalia retraça le son jusqu'à un étage supérieur éclairé au bout de la place.

"Alors les gens vivent ici!" » dit-elle avec une voix hésitante et rassurante.

« Soyez bénis, oui », répondit David. « *Nous* vivons ici, entre autres. »

Il entra par la porte ouverte de la maison voisine de celle devant laquelle ils s'étaient arrêtés. La salle était éclairée par un seul bec de gaz au fond, ce qui ne faisait qu'approfondir l'obscurité de l'étroit escalier qu'il montait. C'était un escalier très ancien et branlant , avec des marches usées en d'étranges bosses et creux par des générations de pieds. Il n'y avait pas de place pour qu'elle marche à côté de son guide. Il avançait à grands pas, frappant des allumettes sur le mur au fur et à mesure. Elle le suivit timidement dans la montée sinueuse, notant les rangées de noms peints sur les grandes portes fermées de chaque palier qu'ils passaient.

Mosscrop ne s'arrêta qu'à la fin des escaliers. Il posa le sac et elle entendit le cliquetis d'une clé dans une serrure. Puis une allumette fut allumée et une soudaine explosion de gaz illumina le petit couloir carré dans lequel ils se trouvaient.

Alors qu'il poussait une porte à gauche, il se tourna avec un visage souriant vers son compagnon. Il la découvrit reculée au bord de l' escalier, les mains pressées contre sa poitrine. Ses yeux étaient fixés sur lui avec un regard troublé, et le bruit de sa respiration, rapide et laborieuse , parvenait à ses oreilles.

"Ces escaliers sont vraiment diable quand on n'y est pas habitué", dit-il agréablement. "Je n'aurais pas dû vous précipiter à un tel rythme."

" *Ça* n'a pas d'importance", haleta la jeune fille. "C'est moi qui n'aurais peut-être pas dû venir du tout."

Le sourire de David s'approfondit et s'adoucit alors qu'il la regardait. « Ma chère Vestalia , commença-t-il en insistant légèrement et gentiment sur ce premier usage de son nom, vous parlez à la hâte. Vous ne devez faire aucune autre remarque avant d'avoir complètement repris votre souffle. Je profiterai de cet intervalle pour attirer votre attention sur l'inscription sur la porte fermée, là, en face de la mienne. Vous remarquerez que c'est 'M. Linkhaw . L'avez-vous déjà entendu auparavant ?

Elle secoua la tête.

« Et n'êtes-vous pas conscient de l'absence d'émotions nouvelles en l'entendant maintenant ? La vue de ces lettres peintes ne vous fait-elle pas vibrer de sensations étranges et mystérieuses ? Non? Que devient alors l'intuition tant vantée de l'esprit féminin ?

Il semblait y avoir une plaisanterie cachée quelque part dans tout cela, et elle sourit plaintivement, dubitative. Elle retira sa main de sa poitrine, pour montrer que sa respiration était plus calme.

"Vous m'assurez vraiment," continua-t-il avec un œil scintillant, "que le spectacle de ce chêne arboré en particulier n'agite pas particulièrement vos pouls et n'impressionne pas particulièrement votre imagination ?"

"Pourquoi devrait-il le faire?"

« Eh bien, en effet ! Ah, jeune femme, votre sexe reçoit tout le crédit qu'il mérite. Un simple homme ne pourrait pas faire pire en matière d'instinct. Mon cher ami, derrière cette porte se trouve votre demeure actuelle. Ce nom « Linkhaw » est le signe de votre maison – et vous les avez regardés tous les deux sans jamais l'avoir deviné !

Vestalia ne jeta même pas un coup d'œil à la porte en question, mais elle regarda avec beaucoup d'intensité Mosscrop . "Je ne comprends pas, de quoi s'agit-il?" dit-elle lentement.

Il avait franchi sa propre porte, allumé le gaz et baissé les stores. Il revint et lui tendit la main pour prendre la sienne. "Faites-moi l' honneur d'entrer et de m'asseoir", dit-il en levant ses doigts gantés et en s'inclinant dessus. "Tu es mon plus proche voisin , et pourtant tu ne m'as jamais fait appel."

Elle le suivit dans son salon et prit pour elle le fauteuil qu'il avait amené vers la table. C'était un appartement plus grand que ce que l'escalier étroit et le palier exigu l'avaient promis. Le plafond était bas et terriblement enfumé, c'était vrai, et les aménagements et le mobilier étaient démodés. Mais l'ensemble, bien que quelque peu maigre et sans fioritures, était confortable et honnête.

« Enlevez votre chapeau et vos gants et faites comme si vous vous sentiez chez vous », a exhorté David. "Il ne vous reste plus qu'un pas à faire."

Il s'occupait cependant de rapporter d'un renfoncement du buffet deux gobelets, une lourde carafe remplie d'un liquide ambré et une grande bouteille d'eau gazeuse.

"Tu me rejoindras pour un whisky et un soda?" » demanda-t-il aimablement en tâtonnant avec le fil.

"Oh pitié, non!" dit Vestalia . « Vraiment, je ne dois plus toucher à rien. Je vois maintenant que j'ai beaucoup trop bu toute la journée.

« Eh bien ! » il a répondu. « Comment pourrait-il y avoir trop de choses pour un anniversaire ? Et maintenant j'y pense, ils étaient deux ! Je vous le promets , cela a été une occasion singulièrement sèche pour un double anniversaire. Il faut se hâter de combler cette lacune.

Vestalia avait retiré ses gants. Elle se leva maintenant, et, debout devant le miroir de la cheminée, ôta son chapeau de sa tête. Puis elle se tourna et, mi-espiègle, mi-imploratoire, lui secoua ses boucles brillantes. «Je pensais que ce serait différent par la suite», dit-elle doucement.

Il eut un regard interrogateur pendant un instant, puis hocha la tête en signe de compréhension. « Oui, » dit-il avec gravité, « vous êtes une vierge sage. Ce verre me durera toute la nuit. Vous êtes la bienvenue ici, ma dame !

Elle sourit au gobelet soulevé, sur lequel ses yeux la regardaient. « Que de livres vous avez ! » s'exclama-t-elle un instant plus tard, et commença une inspection de la pièce, s'attardant tour à tour devant chacune des vieilles gravures sur les murs crasseux, et examinant les rangées de volumes en détail. Il resta un moment à côté d'elle, lui faisant des commentaires sur ce qui semblait l'intéresser. Puis il disparut dans une pièce voisine et revint aussitôt avec une ample veste de velours et des pantoufles. Il prit sur la table la fameuse trousse de toilette.

« Votre visite n'est pas encore terminée, remarqua-t-il ; « mais je suis rongé par le désir de te voir assis en face de moi, ici, dans tes petites pantoufles moelleuses. Cela fera une jolie image à emporter au pays des rêves. Et donc d'abord, je vais vous montrer votre nouvelle maison.

Elle le suivit dans le couloir, puis franchit les portes qu'il déverrouilla dans les appartements du mystérieux « M. Linkhaw . La première pièce s'est révélée, lorsque le gaz a été allumé, être de taille similaire à celle de David, mais tout le reste était étrangement différent. Le tapis rouge de Turquie était brillant, presque criard, dans sa nouveauté, et le plafond était recouvert d'un papier rose vif. Tout autour, sur trois côtés, il y avait de larges divans, remplis de coussins rouges moelleux et d'oreillers duveteux. Aucune chaise n'était visible. Plus singulier encore, les murs étaient remplis de têtes d'animaux empaillées : bisons , ours, élans, élans, antilopes, loups et d'innombrables variétés de cerfs. Vestalia regardait avec surprise ces trophées de chasse.

« Linkhaw est un puissant chasseur devant le Seigneur », a expliqué Mosscrop . «Voici la chambre. Il est assez tapissé de peaux de tigres, de lions, de léopards et d'autres bêtes semblables. Si vous rêvez de jungles et d'arche de Noé cette nuit et que cela ne vous plaît pas, nous les jetterons tous dehors demain matin.

"Mais qu'est-ce que je fais dans les appartements de ce M. Link-haw?" demanda la jeune fille. «Je ne comprends pas du tout. Et si il venait ?

David rit légèrement. « Entre l'Ouganda et Dunstan's Inn, il y a bien loin. Ou peut-être qu'il est dans le territoire de la Baie d'Hudson. Cela fait un an et plus que je sais où il se trouve. Le désert le plus inouï et le plus oublié de Dieu sur terre - c'est là que vous pouvez toujours compter sur sa présence, à moins qu'il n'ait appris une nature sauvage encore plus impossible et répugnante, qu'il vient de découvrir entre-temps. C'est un vieil ami et camarade d'école à moi et il me laisse ses clés. Je jette juste un coup d'œil aux lieux de temps en temps, pour que la blanchisseuse soit à la hauteur.

Il passa dans la chambre, alluma une lumière et jeta un regard scrutateur autour de lui. « Vous aurez besoin de draps propres, etc. », dit-il en revenant. "Je vais les amener."

Il revint avec une brassée de linge et l'entassa sur le lit. "Maintenant, tu as raison comme un dessous de plat", cria-t-il joyeusement. « Tout a été diffusé. Et maintenant j'attendrai que tu reviennes vers moi, avec les jolis petits chaussons. Attention, je suis capable de grands excès de boisson si vous tardez trop longtemps.

de Vestalia était insignifiant. Ils restèrent assis pendant une heure ou plus, elle avec les nouvelles chaussures délicates sur l'aile, lui, allongé sur sa chaise, étendant ses propres pieds près du bastingage à côté des siens. «Je souhaiterais que ce soit l'hiver», songea-t-il un jour, «pour que nous puissions faire du feu. Nous avons un vieux dicton à propos de deux paires de pantoufles sur le foyer. Je n'avais jamais imaginé auparavant quelle beauté chaleureuse il y avait là-dedans. Ah, il va y avoir des nuits fraîches maintenant, et ensuite nous allumerons un incendie. Mais même avec une grille noire, c'est la soirée la plus chère de ma vie.

"Et du mien", répondit la jeune fille.

Quelques heures plus tard, David était toujours assis près de la cheminée vide et ruminait sur sa pipe. Il avait résolument remis la carafe et le verre dans le buffet et y avait tourné une clé. Il avait décroché un livre, mais il gisait sur le sol, à côté de lui, sans qu'on s'en occupe. Il ne voulait rien faire d'autre que penser, et pourtant, même cela n'était pas facile à réaliser. Les pensées ne se rassembleraient pas dans un ordre ordonné.

Toute la journée avait donné lieu à une expérience extraordinaire, impliquant toutes les pensées de possibilités capitales, qui, se répétait-il à maintes reprises, exigeaient la considération la plus froide et la plus conservatrice. Mais lorsqu'il s'efforçait de concentrer son esprit sur la tâche, celui-ci déviait aussitôt, se courbait et dansait hors de tout contrôle. Un souvenir lui revenait sans cesse : la façon dont Vestalia s'était enfin levée pour lui dire bonsoir, et avait insisté avec acharnement pour qu'il ne quitte pas sa chaise, puis, tout à coup, s'était rapidement penchée et l'avait embrassé avant de s'enfuir de la pièce. Et bien, pourquoi pas ? se demanda-t-il enfin ; pourquoi ne s'abandonnerait-il pas à s'en souvenir ? Qu'y avait-il d'autre qui valait également la peine d'être rappelé ? Le petit matin sur le pont se leva de nouveau devant lui ; l'intimité tendrement compatissante qui, s'envolant lentement sur eux, semblait avoir éclaté en plénitude dès le début ; les délicieux repas ensemble, les longues promenades et discussions, les petits cadeaux qui faisaient tant de bonheur au donateur ; le crépuscule langoureusement attristé sur la rivière, le retour silencieux, la surprise, le baiser, ainsi la douce chaîne de la rêverie s'enroulait et se déroulait, avec pour maillons des battements de cœur accélérés.

Un jour, une pensée lui vint – une pensée qui semblait dure et froide comme son granit natal, et rugueuse avec les pointes hérissées de sa propre bruyère à flanc de colline – qu'il avait dépensé en cette journée plus que sa semaine entière de revenus. En d'autres temps, ce fait aurait troublé David. Maintenant, il le regardait calmement en face et lui souriait avec mépris. Les économies d'un an, ou de quatre ans, qu'étaient-elles même si on les comparait au fait qu'à côté, sous ces mêmes poutres, la chère Vestalia dormait paisiblement ?

Il devait être bien plus de minuit lorsque, alors qu'il était en train de remplir à nouveau sa pipe, il lui vint à l'esprit d'aller se coucher à la place. Après réflexion, il était à la fois fatigué et somnolent. Il se leva et bâilla, puis sourit à sa propre image dans le miroir en se rappelant à quel point il était heureux également. C'était un étrange gâchis, certes, mais il n'y avait aucun élément qu'il regrettait ou qu'il aurait changé. Tout était délicieux, de bout en bout.

Alors qu'il regardait de nouveau son reflet dans le verre et réchauffait son cœur par la flamme de joie triomphante qui brillait à travers les yeux qu'il regardait, un bruit rythmique soudain s'éleva dans le profond silence de la vieille auberge. Cela attira son oreille et il se tourna pour écouter.

"C'est cette créature bénie qui ronfle, qui respire, je veux dire", fut sa première pensée. Mais non, c'était une mesure trop rapide pour cela. Puis le bruit devint plus fort, et il reconnut qu'il s'agissait de pas montant régulièrement les escaliers. « Le gardien vient s'assurer de l'éclairage », pensa-t-il pour le rassurer.

Mais cette hypothèse est également tombée à l'eau.

Les pas montèrent au palier proche de l'extérieur. Le bruit cessa, puis il y eut le tintement indubitable d'une clé, voire même le grincement de celle-ci dans la serrure de la porte d'en face.

Les veines de David, pendant un instant confus, se glaçèrent. Puis, avec une éjaculation excitée, il courut à sa porte et l'ouvrit brusquement.

"Arrête ça, espèce d'idiot!" » ordonna-t-il, d'un ton sourd mais féroce.

« Ah, Davie, Davie ! Toujours à la bouteille ! » répondit une voix connue sortie de l'obscurité.

CHAPITRE VI.

Mosscrop gémit en reconnaissant la voix dans le noir.

« De toutes les créatures inopportunes du règne animal ! il a pleuré dans sa barbe. « Chut ! pour l'amour du ciel, mec, ne parle pas si fort . Entrez ici et marchez doucement.

« Qu'est-ce que tu traques, Davie : des serpents ? » demanda le nouveau venu avec un sarcasme évident. Mais il baissa la voix et s'avança dans la chambre de David. Celui-ci ferma la porte sans bruit et poussa un long soupir de consolation. Les deux hommes se regardèrent une minute en silence.

« Vous ne voulez pas dire qu'il y a des cambrioleurs dans la maison ? » demanda l'intrus. Une lueur d'espoir brillait dans ses yeux pendant qu'il parlait, puis s'éteignit lorsque David secoua la tête.

Le comte de Drumpipes , dans la pairie d'Écosse, avait un an de moins que son ami le professeur Culdee. La lueur du gaz révélait maintenant un homme grand, costaud, rubiconde, avec une face large et fortement marquée, d'aspect sévère. Ses cheveux jaunâtres étaient coupés ras sur une tête qui semblait excessivement grande, même pour sa silhouette puissante, et s'amenuisait jusqu'à devenir chauve sur le dessus. Le col d'une chemise en laine montrait une grande partie de son cou épais, brûlé d'un rouge vif dans le dos par un soleil plus féroce que celui qui réchauffe ces îles britanniques. Ses yeux bleus proéminents s'exorbitaient plus que jamais, maintenant, lors de l'inspection mystifiée du visage de David. Tandis qu'il regardait encore, il lui vint à l'esprit de lui tendre la main, aussi puissante que celle d'un forgeron, en guise de salutation superficielle, et David la prit avec une effusion qui était nouvelle pour eux deux.

«Je suis vraiment ravi de te voir, Archie. Je te donne ma parole, je suis ! » protesta-t-il avec empressement.

"Vous avez votre propre façon de le montrer", grogna l'autre. « Pourtant, tu sembles assez sobre. Qu'est-ce qui t'arrive, mec ?

"Oh, l'histoire la plus étrange !" dit David. "Asseyez-vous ici et je vais sortir le whisky." Il s'affairait entre le buffet et la table, tout en causant, tandis que l'autre étalait sa grande corpulence dans l'un des fauteuils et allumait une pipe.

"Regardez ici, Drumpipes , bon sang," commença-t-il, "Je suis un gentleman, n'est-ce pas?"

« Vous êtes un homme professionnel, une personne instruite », acquiesça prudemment le comte.

"Eh bien, c'est le premier jour depuis de longues années où je me sens comme un gentleman."

"Tu as toujours été un peu sujet aux hallucinations, Davie", dit l'autre. « Il y a une part d'irréalité dans votre nature. Attendez là ! Pas tellement de soda. J'ai vraiment besoin d'un bain, je sais ; mais chaque chose à son heure. Eh bien, continuez : comment expliquez-vous cet événement extraordinaire ? Vous vous êtes senti toute la journée comme un gentleman ! Cela attise ma curiosité.

"Jetez ça, Archie, ou vous n'entendrez rien du tout."

« Très bien, mon garçon. Alors je vais boire ça et aller me coucher. Ce sera le bienvenu, je peux vous le dire.

Il vida le verre et fit mine de se lever. David se précipita en avant avec un bras de retenue. « Ne sois pas un con, vieil homme ! Je te l'ai déjà dit une fois, tu ne dois pas t'approcher de chez toi ce soir, insista-t-il d'un ton irritable. « Je te donnerai mon lit et je dormirai sur le canapé ici. Tout va bien, je vous l'assure. Si vous voulez le savoir, il y a quelqu'un qui dort dans votre chambre.

Le comte fronça les sourcils en regardant son ami. "Ce n'était pas dans le marché, Mosscrop ", dit-il avec acuité. "Je n'aime pas ça."

« Tout ce que je peux dire, c'est », rétorqua David, « que si vous aviez été à ma place, vous auriez fait la même chose – ou non, je n'en suis pas si sûr ; mais étant donné les circonstances, c'était la seule chose *que je* pouvais faire. C'est une demoiselle qui occupe ta chambre, Drumpipes .

« Aha ! » s'écria le comte, faisons-la sortir ! Je n'ai pas aussi sommeil que je le pensais. Vous pouvez faire quelque chose en guise de dîner, n'est-ce pas ?

« Non, je ne peux pas, et si je le pouvais, je ne le ferais pas. Vous comprenez complètement mal la situation, mon ami. C'est une pauvre fille qui… » Et David continua et raconta brièvement l'histoire de la journée.

« Ton sifflet t'a coûté neuf livres, hein, Davie ? » fut le commentaire de l'auditeur, à la fin du récit. «Eh bien, chaque homme a sa propre idée de ce qu'il veut pour son argent. Ce n'est pas le mien, je vais le dire franchement. Et quel est le programme de demain ? Musée de South Kensington et Hampton Court ? Le lendemain, vous pourrez peut-être visiter la tour et la forêt d'Epping. Puis l'abbaye de Westminster et Richmond, mais vous arriverez bientôt au bout de votre corde. Et plus tôt encore, je pense, jusqu'à la fin de votre compte bancaire.

"C'est mon affaire", répondit Mosscrop avec humeur.

« On pourrait dire que j'ai quelques petites inquiétudes à ce sujet », observa Drumpipes , « puisque je fournis un logement meublé pour cette belle expérience de philanthropie et d'enseignement combinés. Mais tu ne bois rien.

"Non; J'ai bu mon seul verre avant que tu viennes. Je prends soin de moi ces jours-ci.

"Et il est grand temps aussi!" » avoua le franc ami. "Je ne dirai pas que vous ne vous en porterez pas mieux."

"Eh bien, et tu ne vois pas?" » insista Mosscrop avec sérieux, « c'est juste le fait qu'elle soit là-bas qui donne l'impression qu'il vaut la peine de se coucher sobre. Cela modifie toute ma conception de moi-même. Cela me donne des idées entièrement nouvelles sur ce que je devrais faire. Tant que j'ai mené ici cette vie solitaire, je n'ai eu qu'à boire. Mais c'est différent maintenant.

Le comte sourit. "Et combien de temps serez-vous satisfait de voir cette influence positive rayonner sur vous de l'autre côté du passage ?" » demanda-t-il avec cynisme. « À condition, bien sûr, que j'abandonne mes chambres à la dynamo de la réforme, pour ainsi dire. »

« Oh, bien sûr, personne ne vous demande ça. Évidemment, votre retour nécessite d'autres dispositions impératives.

« À quoi ressembleront les autres arrangements ?

"Cela reste à voir. Mais je suis tout à fait clair sur une chose. Je ne reviendrai pas sur ce que j'ai entrepris. Elle ne saura pas ce qu'est le besoin et elle sera respectée. Je le jure, Drumpipes ; et je veux que tu t'en souviennes.

"Oh, je la respecte déjà énormément", a déclaré le comte. « Par George, une fille doit posséder des qualités extraordinaires qui peuvent sortir tôt et attraper un professeur de Culdees de son propre chef, le faire travailler pour dix dollars, puis le laisser renoncer au whisky d'un côté d'un passage pendant qu'elle dort le lendemain. dormir des justes dans des appartements empruntés de l'autre. C'est vraiment splendide, mon vieux. Je lui tire mon chapeau.

« Archie », remarqua lentement David, « je suis plus petit que toi, et je ne suis pas un athlète, Dieu le sait ; mais si nous en avons encore, je vous frapperai dans l'œil et je tenterai le coup.

Drumpipes fut amusé par cette idée et rit. Puis son visage et sa voix redevinrent solennels. « Davie, dit-il, je ne veux pas vous contrarier, mais c'est une mauvaise affaire. Vous ne parviendrez pas à vous frayer un chemin sans beaucoup de dépenses et sans douleur au cœur. Vous pouvez me prendre cela, qui devrait le savoir si quelqu'un le sait.

Mosscrop accepta de bonne foi la gravité inquiétante du ton. Il hocha la tête, tout en regardant son ami durement. "Oui, je sais," dit-il doucement. "Mais je n'ai aucun désespoir et peu de doutes à ce sujet, Archie. Je suis très heureux à l'idée d'aller de l'avant ; si heureuse que je vois que je n'avais jamais su ce que signifiait le bonheur auparavant. Et si — disons au pire — si une déception en sortait, eh bien, j'en aurai déjà eu la joie. Et même si cela me brisait, quelle importance cela aurait-il ? Je devrais seulement revenir là où j'étais hier, et personne sur terre ne s'en porterait plus mal. Mais avec toi, c'était différent.

Le comte hocha la tête à son tour et fuma sa pipe. Finalement, sans élever la voix ni manifester un intérêt particulier pour ses bêtes, il dit : « Mec, elle est morte.

Les yeux de David se dilatèrent. "Qu'est-ce que c'est... elle... ta femme, tu veux dire, est morte ?"

"Oui, cela fait quatre mois", répondit doucement l'autre.

Mosscrop est venu et a serré la main de son ami. « Après cela, je prendrai un verre avec vous », dit-il en remplissant un verre . "Parle-moi de ça."

« Je n'en sais rien, sauf qu'elle est morte. C'est assez, assez. Il leva son verre. "Voici les arrangements de chauffage dans le coin le plus chaud en bas."

"Un sale chat!" » dit David avec un tremblement violent dans la voix, en sirotant le toast.

"Une très jolie femme", répondit le comte d'un air songeur. « Des cheveux comme une primevère nouvelle, un visage comme celui d'un martyr chrétien, les petits pieds les plus chers que vous ayez jamais imaginés. Vous ne l'avez jamais vue. Vous auriez voulu mourir pour elle sur-le-champ. Elle aurait fait une seule bouchée de toi, mon ami. J'étais beaucoup plus coriace, mais j'ai été plus ou moins mutilé au cours de l'opération. Ce sont ces choses qui rendent reconnaissants les influences religieuses de l'enfance. Je serais découragé en ce moment si je n'étais pas capable de croire à un enfer.

"Il n'y a aucun doute là-dessus : elle est vraiment morte ?"

« Mort comme un maquereau, Dieu merci. Mes avocats certifient l'événement béni. Ils devraient le savoir. Ils sont restés dans la brèche pendant quatre ans, repoussant les assignations, les injonctions, les mandamus et les appels dont elle et les scélérats sans scrupules, ses avocats, les ont bombardés. Les frais que ces anciens partis ont dû me facturer ! Mec, j'ai vraiment peur d'aller dans la ville et de les affronter. Il y a trois tentatives de séparation judiciaire, une action en divorce, deux requêtes en rétablissement des droits conjugaux, trois interrogatoires de témoins par commission, quatre appels, la pensée de ces projets de loi me rend malade, Davie.

"Vous êtes à tout prix hors de l'étau."

"Eh bien, si ton cou est libre, garde-le ainsi, mec!"

David sourit avec une douce assurance.

« Ah, mon garçon , si tu avais pu voir son innocence. Elle buvait du Capri au petit-déjeuner, puis du champagne au déjeuner, et encore la même chose au dîner, avec du vieux porto fauve par-dessus – le tout avec autant de confiance et d'assurance qu'un bébé. Cela adoucissait le cœur de voir son manque de ruse, sa jolie inexpérience.

Le comte renifla bruyamment. « Oh ! oui, c'est un beau spectacle, sans doute, et très touchant. Dommage que les magistrats ne l'envisagent pas toujours sous cet angle le lendemain matin. Mais alors, tant de choses semblent différentes le matin.

Encore Mosscrop sourit. «Garde tes gémissements, Archie», conseilla-t-il, «jusqu'à ce que tu la voies toi-même. Vous rencontrerez la dame au petit-déjeuner.

"Je suis damné si je le fais", a déclaré Drumpipes .

« Alors, tu parles comme un idiot. Toi, un chasseur de lions, de crocodiles et d'ânes sauvages du désert, pour tourner la queue et fuir une petite fille à tête jaune ! et abandonnez d'ailleurs un vieil ami qui a besoin de vos conseils et de votre jugement dans l'affaire la plus importante de sa vie ! Vous savez que vous en êtes carrément incapable.

"Je ne promets pas d'être courtois avec elle si j'arrête", grogna l'autre. « La simple pensée des femmes aux cheveux jaunes me donne la nausée. Pourquoi diable, mec, si tu dois faire de toi un fou au regard fixe, ne pourrais-tu pas choisir une couleur décente et réputée ?

«Jamais une teinture ne l'a touché», protesta David. "C'est aussi naturel que le soleil et aussi radieux."

« Alors vous êtes un homme ruiné, Davie », déclara gravement le comte entre deux bouffées de sa pipe. « Il peut y avoir une certaine qualité salvatrice chez une femme qui se contente de se teindre les cheveux. Une nature honnête peut persister sous la perruque peinte, malgré ses efforts . Mais si elle est née d'un chat tigré en écaille de tortue, alors vous feriez mieux d'être mort plutôt que de rester assis là à rêver d'elle. Je t'abandonne comme une créature perdue !

"Alors raison de plus pour que vous m'aidiez à préparer un bon petit-déjeuner, pour affronter mon destin", répondit Mosscrop avec légèreté. « Je n'avais pas vraiment promis de l'appeler à temps pour m'aider. Ce sera plutôt une surprise d'avoir tout prêt, étalé en son honneur , quand elle entrera. Que pensez-vous des œufs moelleux grillés sur du pain grillé, hein ? Vous pouvez les obtenir en boîtes. Et quelques petites côtelettes d'agneau... ou peut-être du chevreuil... et puis des œufs *de Bercy* ... tu fais ceux d'une reine, et on aurait peut-être...

«La vérité est», dit l'autre d'un ton réfléchi, «que le noir est le seul cheveu entièrement satisfaisant pour une femme. Les compromis intervenus – tous les bruns, châtaignes, rouges et auburn – sont une illusion. Je le vois très clairement maintenant. Donnez-moi des cheveux qui jettent une ombre violacée, brillants et épais et descendant bien sur le front, puis un visage au nez droit, large entre les yeux et arrondi sous le menton, et un teint d'un olive doux et pâle. Il n'y a rien d'autre qui mérite d'être évoqué. »

« J'avais *pensé* à ces petites saucisses italiennes, mais je ne sais pas si par temps chaud elles... »

"Oh pourriture!" dit le noble. « Qui a envie de parler de muffins et de gras de jambon à cette heure-là ? Tu n'as pas de poésie en toi, mec ? Il y avait une créature divine sur le paquebot qui arrivait – de grands yeux comme une prunelle et le visage d'une princesse circassienne, calme, royale, langoureuse, mais avec des profondeurs de passion en dessous qui semblaient vous appeler à risquer votre âme immortelle pour pour s'y noyer… »

"Ma parole, voici *de* la joue, si vous voulez!" éclata à Mosscrop , orageusement. « Tu ne me laisses pas du tout parler de *ma copine ;* vous ricanez, vous moquez et croassez de mauvais soupçons, et vous vous sentez généralement ennuyé à la moindre mention d'elle – et alors vous supposez que je vais m'asseoir patiemment et écouter des bavardages aussi joyeux que celui-ci. Bon sang, un homme a des droits dans sa propre chambre !

"On m'a dit que non", commenta sombrement le comte.

« Maintenant, pourquoi y revenir ? » » demanda David avec un air de pétulance. « Tout est réglé et réglé depuis des heures. Mais ce que je disais, c'est que ce n'est pas une chose décente de votre part de… de vous empêcher de parler de ce genre simplement pour ridiculiser un sujet qui me tient à cœur.

Les tambours bâillaient franchement. « Il est temps que tu te rendes, Davie, » remarqua-t-il. « Le manque de sommeil vous rend vraiment idiot. Je n'ai aucune envie de ridiculiser votre sujet, comme vous l'appelez. Ce n'est pas du tout nécessaire. Vous verrez par vous-même à quel point c'est ridicule le matin. Il m'est simplement venu à l'esprit que si nous devions parler de femmes, j'avais en tête quelque chose qui en valait la peine : non pas un vagabond aux cheveux jaunes ambulant ramassé au hasard sur un pont, mais une femme distinguée, instruite, riche en moyens et en bonnes manières. Mec, tu devrais voir ses dents quand elle sourit !

"Archie", répondit David solennellement, "je pense que votre meilleur instinct pourrait vous inciter à vous rappeler que vous n'êtes veuf que depuis quatre mois."

« Quatre mois ? — Quatre cents ans ! s'écria vigoureusement le comte. Il tendit la main et remplit son verre. « C'est avec la plus grande difficulté que je me souviens d'un détail de l'état matrimonial. Déjà le souvenir de ma première paire de culottes m'est infiniment plus frais que n'importe lequel d'entre eux. Dans environ une semaine, le dernier vestige d'un souvenir aura disparu. Et bon débarras aussi !

"C'était une mauvaise idée de vous le rappeler", a admis Mosscrop . « Le diable prend toutes les femmes… ou toutes sauf une… »

"Et elle a les cheveux noirs", intervint le comte.

« Deuce les saisit donc tous sauf deux, pour le reste de la nuit. Où étais-tu depuis un an et demi, Archie ?

"Je regarde juste autour de moi", répondit l'autre avec nonchalance. « Le Bechuanaland pendant un certain temps, mais c'est cruellement surfait. Ensuite, j'ai eu une timide au pays du Gabon , mais il y a une conspiration parmi les nègres pour protéger le gorille – je pense que c'est une sorte d'oncle à eux – et un homme blanc ne peut rien faire de bien tout seul. Je pensais qu'il pourrait y avoir un sport décent au Brésil, où ils annonçaient une révolution, et j'ai essayé de voyager avec les rebelles pendant un moment, mais cela n'a pas donné grand-chose. Vous ameniez occasionnellement un Portugais métis portant des épaulettes, mais vous ne pouviez pas les manger et vous ne vouliez pas qu'ils soient farcis à tout prix ; et d'ailleurs, quand on l'a découvert, toute la guerre n'était qu'un combat entre deux maisons de négociants en café à New York, et cela ne suffisait pas. Mais je vous dis quoi, poursuivit-il avec plus d'animation, l'Arizona est vraiment très amusant. Je n'ai rien vu de mieux qu'une bonne chasse carrée au bétail. Ils se sont levés trois ou quatre, juste à cause de moi, j'imagine, après avoir découvert que je pouvais monter à cheval et tirer au galop. Le charme de la chose, c'est qu'il n'y a pas de saison fermée pour les voleurs de bétail, et ils sont en proie à mort, je vous le dis. J'ai été mis en pot deux fois, et une fois, ils ont laissé la lumière du jour me traverser. J'ai dû attendre des réparations pendant près de trois semaines. Ils sont allés pendre cet individu pendant que j'étais au lit. Nous avons eu des mots à ce sujet. J'ai insisté sur le fait que ce n'était pas sportif et qu'ils auraient dû lui donner un cheval, puis le sortir d'un piège ou quelque chose du genre et le laisser courir pour son argent, comme nous le faisons avec les lapins. que les furets évoquent. Mais ils ne pouvaient pas le voir, alors je l'ai monté et je suis venu vers le Nord. Mais ils vont tout gâcher s'ils n'abandonnent pas cette stupide affaire de pendaison. La première chose qu'ils sauront, c'est que tout le monde arrêtera de fuir le bétail, juste en guise de protestation, et alors leur maison ne vaudra plus la peine d'y vivre. Ce serait dommage, car un cow-boy qui a mal tourné est vraiment la meilleure chose. il y a. Il est aussi bon qu'un tigre du Bengale et un loup russe réunis, avec un grizzli en plus. Vous pouvez me citer en disant cela.

«Je ne manquerai pas de le faire», dit David. « Viens boire ton alcool et nous allons trottiner. Je suis plutôt heureux de vous revoir sain et sauf, mon garçon , et, plus encore, en homme libre.

Il sortit de la chambre un oreiller et des couvertures et commença à les disposer sur le canapé. "Et les Américains sont-ils si stupides au sujet des seigneurs et des titres qu'on prétend ?" » a-t-il demandé pendant qu'il travaillait. « Se sont-ils humiliés devant la poignée de votre nom ?

Drumpipes s'est assis. "Pensez-vous que je suis un idiot assez abandonné pour voyager avec un titre ?" il a ordonné. «Mec, si tu savais ce que ça me coûte, même sans ça, ça rendrait tes cheveux gris. Dix dollars ici, vingt dollars là, sept dollars et demi ailleurs — une ponction constante et sans fin sur la bourse, jusqu'à ce que le miracle soit que j'ai pu sortir du tout ! Et il n'y a pas du tout de troisième classe sur les chemins de fer. C'est juste terrible, Davie ! Et par malchance, je n'ai même pas pu rentrer chez moi à bord du bateau à vapeur. Il y avait des passagers que je connaissais dans la première cabine et j'ai donc dû y jeter plus d'argent. Et je ne suis pas comme vous : je n'ai pas de billets de dix livres en réserve pour m'amuser toute la journée.

"Non, vous n'êtes pas comme moi", répondit Moss-crop, d'un ton sans sympathie. «J'ai mes magnifiques 432 £ par an, soit plus de huit guinées par semaine. Et vous… vous n'avez que quatre mille misérables, pas plus de dix fois plus. Je me demande si tu as évité les tarifs si longtemps, Archie.

"Ah, je sais tout cela", protesta le comte. « Mais vous n'avez aucune foutue position à suivre. Tu dois te rappeler que, Davie, c'est un fait très important. Cela fait toute la différence dans le monde.

« Mais vous ne gardez cela que dans votre esprit, et cela ne coûte pas cher. Il n'y a pas une année depuis que je vous ai connu, que ce soit en tant que maître de Linkhaw ou depuis que vous y êtes entré dans son intégralité, que vous avez dépensé la moitié de vos revenus. À vous entendre parler, on croirait que vous avez, vous aussi, dispersé votre capital à deux mains.»

« Ah, mais ces factures d'avocats, Davie ! À votre avis, à quoi devraient-ils ressembler ? Six cents, hein ? Ou peut-être sept heures ?

« Vous le saurez bien assez tôt. Je ne vous encouragerai pas à passer une nuit blanche. Viens maintenant. Vous avez des affaires dans votre sac ici, n'est-ce pas ? Je peux te laisser avoir tout ce qui te manque.

« Non, tu gardes ton lit. Je vais dormir ici », a déclaré Drumpipes . « Je suis bien plus habitué que toi à vivre cela à la dure. Je vous donne ma parole, je dormirai ici comme une toupie.

Mosscrop s'efforça de résister, mais son ami fut résolu et le canapé dut lui être cédé. Il se leva en bâillant et commença à se débarrasser de ses vêtements de dessus. « J'ai payé jusqu'à onze shillings pour une chambre pour une nuit à New York ! » affirma-t-il d'un ton somnolent, « quoique, pour rendre au Diable ce qui lui est dû, ils ne facturent pas les bougies et le savon. Mec, s'ils avaient su que j'étais comte, ils m'auraient enlevé sept peaux.

"Oh, mais ils ont une réputation de perspicacité", a insisté sèchement Mosscrop . « Ils auraient très bien compris que vous n'étiez qu'un comte écossais. Bonne nuit!"

La lumière du jour a réveillé David près d'une heure plus tard que prévu. Il avait produit sur lui-même pendant la nuit l'impression de dormir très peu, et ce sommeil léger et délicat, prêt et impatient à l'instant du besoin de se dissoudre dans un état de veille complet. Pourtant, il n'en était pas moins vrai qu'il s'était endormi sans gloire. La montre sur sa table indiquait huit heures et demie .

Il enfila précipitamment certains de ses vêtements et entra dans le salon pour réveiller le comte. À sa grande surprise, ce noble avait disparu. Les draps froissés montraient où il avait dormi. Il y avait son sac à main, dûment emballé et fermé, au pied du canapé.

Estimant que Drumpipes n'avait pas promis de prendre le petit-déjeuner, et qu'il était de toute façon une créature perverse, et qu'il avait probablement été inquiet en ruminant tôt les factures de ces avocats dans une humeur agitée, Mosscrop retourna dans sa chambre et acheva de s'habiller. Il se rasa avec un soin exceptionnel et réfléchit au choix d'une cravate. Il lui vint à l'esprit qu'il avait de meilleurs vêtements que ceux qu'il avait portés hier et, même s'il regrettait le temps, la tentation de faire le changement était irrésistible. Il ne regretta pas d'avoir cédé lorsqu'il observa son image en pied dans le miroir de la porte de son armoire. Il se sentait paraître des années plus jeune qu'avant cet anniversaire capital. Il sourit et hocha la tête en connaissance de cause devant le visage heureux et confiant dans le verre.

Dans ces circonstances, il devrait avoir besoin d'aide pour le petit-déjeuner. L'idée de minuit de tout préparer avant d'appeler son invité, fut abandonnée sans un murmure. Il revint avec joie à l'idée originale de la laisser partager tout le plaisir délicieux de la préparation du repas. Son imagination jouait avec une tendresse sportive autour de l'image d'elle, ici dans sa petite arrière-cuisine qui servait de cuisine, les manches retroussées, une serviette épinglée autour de la taille en guise de tablier, en train de cuisiner des choses pour qu'ils mangent tous les deux. Très probablement, il en savait plus qu'elle sur ce genre de choses ; il se voyait lui donner des instructions, tandis qu'ils se penchaient ensemble sur le grand fourneau à gaz. Y a-t-il quelque chose de plus délicieusement familial que cela ?

Drumpipes, au grain croisé , avait prédit que tout cela lui paraîtrait ridicule le matin. Il s'affirma avec ferveur que cela lui parut plus charmant que jamais lorsqu'il sortit dans le couloir et frappa à la porte d'en face.

Il ne semblait y avoir aucun son de réponse, et il frappa le panneau plus brusquement, l'oreille baissée jusqu'au trou de la serrure. Toujours aucune réponse n'est venue.

« Je vais à Covent Garden pour quelques minutes », appela-t-il par le trou de la serrure ; « Dois-je te trouver prêt à m'aider à mon retour ?

Comme cela non plus n'apportait aucune réponse, il sortit son double de la clé et ouvrit prudemment la porte. La question, répétée sur un ton beaucoup plus fort, s'éteignit dans un profond silence. Les yeux de verre d'un élan accroché au mur d'en face le fixaient avec une fixité inconfortable.

La porte de la chambre était entrouverte et David eut le courage de s'avancer et de frapper violemment dessus avec son poing. Il recommença, puis, tandis qu'une étrange excitation montait en lui – ou était-ce plutôt un mouvement d'enfoncement ? – il ouvrit brusquement la porte et regarda à l'intérieur.

Il n'y avait pas de Vestalia ici !

Les détails selon lesquels le lit était soigneusement fait, que la chambre ne présentait aucune trace d'occupation récente et que la trousse de toilette avait disparu, pénétraient vaguement dans son esprit. Il chercha autour de lui, dans cet appartement et dans l'appartement extérieur, un message quelconque, en vain.

Son attention douloureuse se porta encore, au hasard, sur la tête de l'orignal, attachée entre deux fenêtres. Le vide stupide de son regard à bout portant le rendit soudain furieux, et il assena à son museau bêtement allongé un coup retentissant de sa main ouverte. L'énorme trophée bascula sous le coup, bascula à moitié desserré sur son attache, puis tomba avec fracas sur le sol.

Mosscrop lui donna de violents coups de pied, encore et encore, là où il se trouvait.

CHAPITRE VI

Mosscrop n'avait pas le cœur de déjeuner seul dans son logement désert .

L'envie de s'enfuir le saisit dès son apparition. Il s'avança comme si tout retard était lourd de périls. Dans un bar-déjeuner miteux du Strand en contrebas, il consomma une tasse d'abominable café et un petit pain aux saucisses sèches dans la même hâte nerveuse. Il connaissait la barmaid présente. Elle l'ennuyait maintenant en montrant dans son attitude qu'il souhaitait rire et plaisanter avec elle comme d'habitude. Il lui lança un regard noir et répondit à ses avances dans la conversation par un bref hochement de tête.

"Tu as dû te lever du mauvais côté du lit ce matin", commenta-t-elle avec hauteur.

"Très probablement", répondit-il avec une froide brièveté, comptant les pièces de cuivre nécessaires et tournant les talons.

Au dehors, il lui semblait choisir la direction de ses pas tout à fait au hasard. Il marchait lentement, essayant de concentrer son cerveau sur la tâche de conjecturer ce que tout cela signifiait. Hélas, son esprit était aussi vide que ces pièces désolées au sommet de Dunstan's Inn. Le pouvoir d'une spéculation cohérente l'avait abandonné. Il n'était même pas possible d'organiser dans un ordre décent les détails de ce qui s'était passé. Une rage indéfinie contre le destin en général opprimait toutes ses facultés. Il marmonnait dans sa barbe des jurons dénués de sens, dirigés contre un « ça » intangible qui était également sans forme ni personnalité, un simple symbole abstrait de la bestialité universelle des choses.

L'idée de maudire Vestalia ne s'imposait pas. Dans la mesure où il avait des pensées intelligibles à son sujet, elles étaient instinctivement disculpatoires. Elle semblait en effet s'être comportée de manière stupide, mais cela devait être dû à une sorte de malentendu. Quelque chose de pervers s'était produit qui l'avait entraînée dans une démarche insensée. Il refusait résolument d'ouvrir son esprit à une autre vision d'elle. Elle a dû quitter l'auberge pour une raison qui satisfaisait entièrement son sens de la conduite honorable . Quelle était cette raison ? L'avait-elle imaginé à partir de ses propres méditations, ou lui avait-il été fourni par une source extérieure ?

Tout d'un coup, il s'arrêta net, le progrès mental et physique étant arrêté par une pensée frappante. « Bon *sang !* » se murmurait-il en retournant cette nouvelle idée. Comment cela lui était arrivé, il s'étonnait assez de l' ennui qui n'avait pas réussi à le découvrir au début. C'était aussi clair que le nez sur le visage : le comte avait ordonné à Vestalia de partir. "Ah, cet imbécile avare et intrusif de Drumpipe !" gémit-il entre ses dents serrées.

Cette mise à nu du mystère n'apportait aucune consolation. La journée était aussi irrémédiablement gâchée, la tendre petite romance aussi impitoyablement écrasée que jamais. Une certaine consolation douteuse semblait s'offrir sous la forme d'une querelle avec Drumpipes , mais Mosscrop secoua la tête avec découragement. A quoi cela servirait-il ? Et d'ailleurs, comment se mettre au travail pour se quereller avec cet idiot coriace, stupide, vaniteux, dense d'esprit, imperturbable et impénétrable ? Il ne s'apercevrait même jamais que cette tentative était en cours. David accumulait en rêverie les épithètes répugnantes sur le crâne chauve trop large de son ami avec une satisfaction sauvage. « Espèce de clown absurde!» grogna-t-il face à l'image blonde et costaude du noble absent dans son esprit. « Espèce de connard gratuit et dévergondé ! Oh, espèce d'idiot impensable ! »

Et d'une manière ou d'une autre, il y avait après tout une sorte de soulagement dans ces exercices comminatoires. La faible lumière d'une possible diversion commença à filtrer à travers le nuage orageux de la colère de Mosscrop . Il était toujours profondément déprimé, et furieux aussi, bien sûr, mais la maîtrise de soi lui revenait, et avec elle la capacité de planifier et d'ordonner ses mouvements. Il lui vint à l'esprit qu'il devrait faire quelque chose pour détourner au moins temporairement ses pensées de cette tristesse lasse du monde.

Dans le coin opposé, son regard croisa la légende « Savoy Street ». Il fixa un instant la petite enseigne perchée au-dessus de la corniche en brique crasseuse du premier étage, avec un regard irréfléchi. Puis il se tourna et descendit d'un pas vif l'artère escarpée à flanc de colline, et entra dans la cour du grand hôtel qui, comme la rue et le quartier, commémore par son nom le premier d'une longue et inébranlable lignée de princes continentaux nécessiteux dont l'entretien était l'impôt britannique. -le payeur s'est retrouvé condamné à fournir.

Au bureau, il rédigea une carte et l'envoya pour accompagner l'enquête pour savoir si M. Laban Skinner était présent ou non.

Non, cela a été signalé récemment ; M. Skinner était sorti, mais la jeune femme était dedans.

David réfléchit à cette intelligence inattendue. « Vous a-t-elle dit qu'elle était là ? » demanda-t-il au garçon avec méfiance.

Oui; elle l'avait fait.

Mosscrop a découvert qu'il n'était absolument pas préparé à cela. Il fronça les sourcils et réfléchit là-dessus. Son impression était à l'époque que la jeune fille ne l'aimait pas, ou du moins n'aimait pas la proposition absurde que lui avait faite son père. Il lui semblait d'ailleurs qu'elle ne lui plaisait pas à son tour. Elle avait regardé grossièrement la pauvre Vestalia – mais il ne faut pas oublier, en toute honnêteté, que toutes les femmes se faisaient cela entre elles. Son attitude à son égard avait été ostensiblement apathique, presque jusqu'à l'insolence ; et pourtant il se rappelait qu'au moment où il l'avait prise par surprise, elle avait manifesté un intérêt notable pour ce qui se passait. L'idée qu'il y avait eu une sorte de défi sous le masque d'indifférence étudiée qu'elle lui avait présenté lui revint à l'esprit. Et il avait toujours autant besoin de diversion.

« Si vous voulez bien montrer le chemin », dit-il au garçon à ce moment-là.

L'ascenseur les transporta sur une longue distance, jusqu'au toit, semblait-il. David avait l'impression que les loyers devaient être bon marché à cette altitude ; mais dès qu'il jeta un premier coup d'œil autour du salon dans lequel il se trouvait actuellement introduit, l'idée disparut.

C'était une pièce vaste et imposante, exhalant, pour ainsi dire, un effet de luxe très coûteux. Les larges fenêtres de la façade descendaient jusqu'au sol et ouvraient sur un balcon. Des auvents étaient suspendus dehors pour protéger du soleil, ce qui plongeait tout l'appartement dans un crépuscule doux, contrastant fortement avec la luminosité du couloir que Mosscrop venait de quitter.

Il regarda autour de lui, avec hésitation, pour s'assurer qu'il n'y avait vraiment personne dans la pièce. L'aperçu d'une draperie blanche flottant contre le bord d'une chaise sur le balcon attira son attention, et il se dirigea vers la fenêtre ouverte la plus proche. La noble perspective de la Tamise, vue de cette hauteur, s'imprimait avec une grande vivacité dans son esprit, avant même qu'il ne perçoive qu'il avait effectivement retrouvé Miss Skinner. Il baissa les yeux avec un regard qui embrassait à la fois la jeune fille et la rivière, et ils conservèrent un instant un aspect également inconscient.

La jeune femme releva alors la tête, de côté, et reconnut la présence de Mosscrop par un lent mouvement tombant de ses cils noirs. "Comment vas-tu ?" remarqua-t-elle placidement. « Apportez une chaise pour vous. »

Il fit ce qu'on lui disait et s'assit près de la balustrade, de manière à lui faire face en partie ; mais il regarda de nouveau la merveilleuse image ci-dessous, pour rassembler ses pensées.

"Je ne pensais pas que c'était si magnifique ici", dit-il enfin.

« En effet », commenta son compagnon. Il était impossible de dire si cette remarque avait le caractère d'une exclamation ou d'une question interrogative. Mosscrop se vit obligé de lever les yeux, ne serait-ce que pour déterminer cette question ouverte.

La prise de conscience qu'elle méritait extrêmement d'être regardée l'envahit comme une inondation, à l'instant où il levait les yeux. Cela lui convenait d'avoir une tête de lièvre et de porter uniquement la robe de chambre en cachemire blanc crème dans laquelle il la voyait. Les tresses brillantes et les masses de ses cheveux étaient merveilleuses. Dans la pénombre adoucie et teintée de l'auvent, sa peau sombre brillait d'un éclat sombre qui le fascinait. Son air était toujours aussi impérieux, mais il évoquait désormais une impératrice disposée à jouer, une sultane dont le penchant était de s'amuser.

« Êtes-vous venu voir la vue ? J'ose dire que c'est encore mieux de la part des leads. Vous les appelez des prospects ici, n'est-ce pas ? Vos romans le font toujours, je sais.

Ce discours, prononcé avec langueur, avait sans doute son côté impertinent, mais Mosscrop devinait dans son ton une intention non désagréable. Elle ne sourit pas en réponse à l'interrogation perplexe de son regard rapide, mais il se convainquit néanmoins qu'il s'agissait d'une plaisanterie. Il remarqua dans cet instant de spéculation confuse qu'elle avait un livre sur ses genoux – un grand volume à couverture rouge avec beaucoup de dorure sur la reliure – et qu'elle y gardait un doigt pour marquer un endroit particulier.

« Votre père a eu la gentillesse de me demander de l'appeler », lui rappela-t-il avec douceur.

«Je l'ai demandé, et je…»

« Vous êtes déçu de le découvrir ? Oui; il ne faisait aucun doute qu'elle s'amusait. "Oh, ça dépend", hasarda David avec témérité.

La jeune fille l'observait à loisir. « Si je me souviens bien , dit-elle, vous avez été invité sous conditions. Vous deviez venir, ou plutôt communiquer avec nous, si vous décidiez de conclure avec l'offre de mon père. Je suppose donc que vous avez décidé d'accepter.

« Eh bien, j'aimerais en parler davantage ; avoir une idée plus claire de ce qui a été proposé.

« Mon père prend beaucoup de peine à s'exprimer. J'aurais dû dire que son explication était aussi complète que tout ce qui pourrait l'être sur cette terre.

« Pour parler franchement, » répondit David, « j'ai eu l'idée que vous ne vous souciiez pas beaucoup du plan de votre père – en fait, que vous ne l'aimiez pas. C'est ce sur quoi je voulais être clair. Il serait ridicule que je vous fasse des conférences instructives sur les antiquités, les ruines, etc., et que vous me détestiez tout le temps parce que c'était ennuyeux et ennuyeux. Cela nous placerait tous les deux dans une fausse position.

"Et tu ne supportes pas les fausses positions, hein ?"

La mousse s'est levée. "J'ai bien peur de ne pas pouvoir supporter celui-ci, en tout cas", répondit-il avec une brièveté digne.

"Oh, il ne faut pas penser à y aller!" » protesta son hôtesse, avec une note momentanée d'animation dans la voix. "Mon père risque de revenir d'une minute à l'autre, et il serait très contrarié de découvrir que tu lui as manqué."

"Je pourrais l'attendre dans la salle de réception en bas", suggéra-t-il d'un ton maussade - " ou, d'ailleurs, je ne sais pas s'il est très important que nous nous rencontrions."

"Je n'appelle pas ça un peu poli", a-t-elle commenté.

« J'ai bien peur que vos normes de politesse me dépassent », commença-t-il formellement. Puis l'absurdité de la chose le frappa et il sourit à contrecœur. "Veux-tu vraiment que je reste?" » a-t-il demandé, avec un esprit de plaisanterie dans son ton.

" Oh , ça dépend," se moqua-t-elle. "Si tu peux être amusant, oui."

« À quel point dois-je être amusant ? Il s'appuya de nouveau sur sa chaise et, cette fois, posa son chapeau de côté.

« Oh, dites-en autant que vous l'étiez hier avec la demoiselle aux cheveux couleur beurre . Je pense que cela comblerait à peu près la facture.

Mosscrop grinça des dents avec un vif agacement. Puis il rit avec une humeur de gaieté saturnine. Finalement , il soupira et secoua la tête d'un air triste.

"Ah, hier!" » pleura-t-il en respirant encore plus profondément.

« Vous avez donc été extrêmement divertissant », poursuivit l'autre, ignorant ses émotions. « Est-ce que vous vous trouvez – comme d'habitude, je veux dire – à varier beaucoup d'un jour à l'autre ? Je demande entièrement par curiosité. Je n'ai jamais rencontré quelqu'un dans votre situation précise.

"Non, je ne devrais pas le penser!" » acquiesça-t-il avec une sombre emphase. « Je peux bien croire que ma position est unique dans l'histoire de l'humanité. Une telle chance grotesque ne pouvait guère se répéter. Mais je vous demande pardon : ce n'est pas une chose qui vous intéresserait ; Je n'avais aucune raison d'en parler.

«C'est moi qui en ai parlé, je crois», le corrigea-t-elle calmement.

Son insistance avait un sens évident. Il la regarda avec une vague surprise, tout en retraçant mentalement les étapes par lesquelles la conversation en était arrivée à ce point. Il y avait sans aucun doute une expression très complice dans ses yeux. De toute évidence , elle avait eu l'intention d'associer Vestalia à ce qu'elle décrivait comme sa position – la position qu'elle jugeait si inhabituelle ; il était également clair qu'elle désirait qu'il comprenne qu'elle le faisait. Il était impossible qu'elle sache quoi que ce soit de ce qui s'était passé. Il fouilla dans sa mémoire et s'assura qu'aucune allusion personnelle d'aucune sorte n'avait dérivé dans son discours décousu dans les couloirs assyriens, que les Américains avaient plus ou moins entendu. De quoi parlait-elle alors ?

Ah, quoi en effet ? Elle s'allongea sur sa chaise et rencontra son regard interrogateur perplexe avec une belle démonstration de sang-froid. Elle le regardait tranquillement à travers ses paupières paresseuses et mi-closes . Ses soupçons, discernés sous la surface passive de ce regard, animaient des courants sous-jacents d'amusement ironique et de triomphe. Il n'y avait rien de manifeste sur lequel il pouvait fonder un défi à une explication, mais tandis qu'il continuait à la scruter , il pouvait imaginer que toute sa présence rayonnait la suggestion d'une joie refoulée. Quel que soit le mystère, elle tirait un grand plaisir de posséder un indice.

"Oui, c'est *vous* qui avez mentionné ma position", remarqua-t-il, cherchant maladroitement une base sûre sur laquelle redresser son désavantage. « Je ne sais pas ça ! je vous suis tout à fait ; en quoi trouvez-vous ma situation, comme vous la dites, si exceptionnelle ?

« Vous vous êtes vanté que cela ne pourrait pas être égalé dans toute l'histoire », lui rappela-t-elle. Son ton était assez décontracté, mais le sens du sport commença à briller indéniablement dans ses yeux.

« Maintenant, vous discutez en cercle », a-t-il remontré, avec une nuance d'acerbité professionnelle dans la voix. « Votre remarque a précédé la mienne et ne peut donc pas être basée sur mon commentaire ultérieur. Si je peux me permettre l'observation, on semble enseigner la logique mais indifféremment aux États-Unis.

"Oh, c'est pour ça que nous sommes venus ici", rétorqua la jeune fille avec *une naïveté ostentatoire* . Cette vanité lui plut tellement qu'elle se pencha en avant et prit la manière de communiquer un fait important. « C'est pourquoi j'ai demandé à mon père de vous faire une offre immédiatement. Vous savez, la plupart des professeurs, des enseignants, etc., sont très difficiles à comprendre. Mais dès que j'ai posé les yeux sur toi, j'ai dit : « Il y a un homme à travers lequel je peux voir comme s'il était une vitre ; Je peux le lire comme un livre. Et bien sûr, cela doit être la plus précieuse de toutes les qualités d'un instructeur.

« Alors je suis entièrement transparent, n'est-ce pas ? Je ne présente aucun secret à ton regard ? Mosscrop parlait comme quelqu'un chez qui le piqué et le sens du comique luttaient pour maîtriser. « Alors je ne peux pas faire mieux que de vous supplier de me dire certaines choses sur moi. Pourquoi, par exemple, est-ce que je reste assis ici patiemment et me soumets aux moqueries, aux chahuts, aux satires et généralement aux brimades de la part d'une jeune femme dont le titre pour faire ces choses ne me paraît pas du tout évident ?

« Pourquoi, tu ne te souviens pas ? Tu attends papa.

"Et accessoirement, fournir à sa progéniture, dans l' *intervalle* , beaucoup de divertissements inoffensifs et chastes", répondit sèchement Mosscrop . « Je suis charmé de vous avoir détourné avec autant de succès. Je pense, puisque vous vous amusez si facilement, que vous avez dû vous ennuyer terriblement avant que je fasse mon heureuse apparition.

"Oh, bien au contraire", s'exclama la jeune fille avec un ton soudain et stressant, qui laissait entendre que c'était ce qu'elle attendait. Elle ouvrit le volume, tout en parlant, à l'endroit marqué par son doigt. « Je lisais dans la Pairie, vous savez. C'est un livre des plus captivants. Je ne m'ennuie jamais quand je lis des articles sur les comtes et tout.

« J'ai entendu dire que cette œuvre jouissait d'une popularité remarquable dans votre pays », remarqua David avec aigreur.

"Il y a une telle romance là-dedans!" continua-t-elle avec une rhapsodie moqueuse ; « Cela fait tellement appel à l'imagination ! Cela vous plonge à la fois dans une atmosphère de chevalerie, d'aventures et d'exploits chevaleresques, de tournois et d'armures à chaînes , et de cours d'amour… »

— Et du divorce et de la faillite aussi, intervint-il. "Ne les oubliez pas."

La jeune fille parut grave pendant un moment et hocha la tête comme pour s'excuser. Puis elle retrouva sa bonne humeur par une transition tout aussi rapide.

"Et des vieux noms aussi splendides que vous en avez, aussi!" continua-t-elle, les yeux rivés sur la page ouverte. « Écoutez ça, par exemple. Y a-t-il quelque chose de mieux ?

DRUMPIPES, comte de. (Sir Archibald-Coronach - Dugal -Strathspey -Malcolm-Linkhaw) Vicomte Dunfugle d' Inverdummie et baron Pilliewillie de Slug-Angus, Morayshire , tous dans la pairie d'Écosse et baronnet de Nouvelle-Écosse. Né le 24 août 1866. Succède à son grand-père comme 19e comte le 10 janvier 1888. Marié le 2 mai 1890 avec Janet- Eustasia -Marjory, 3e fille du maître de Craigie- whaup par son épouse, l'hon. Tryphène Pincock (décédée le 6 mars 1879), fille aînée du 4e baron Dubb de Kilwhissel . Siège, château de Skirl, près de Lossiewink , Elgin. Club, Vagabonds.

Elle a tout lu avec une délibération marquée et une expression distincte. Lorsqu'elle eut fini, le silence régna quelque temps sur le balcon.

"Eh bien, n'est-ce pas ?" » demanda-t-elle enfin en levant la tête et en projetant toute la richesse de ses yeux noirs sur le visage de Mosscrop . « N'admettez-vous pas l'inspiration de tels noms ?

David répondit d'une manière hésitante et dubitative. « Je suis plus curieux de connaître la source – et la portée – de *votre* inspiration », a-t-il déclaré.

« Malheureusement, on ne peut pas prétendre que *vous* êtes transparent. Vous me confrontez à une opacité contre laquelle mon faible esprit bat en vain. Je vois que vous savez que je connais Drumpipes . Mais pourquoi ce fait prend-il dans votre esprit des dimensions si sinistres et si mystérieuses, et pourquoi vous devriez le traiter avec l'air de quelqu'un qui a découvert une grande conspiration, un terrible secret, je n'arrive pas à le comprendre.

"Ah, tu es plus compliqué que je ne le pensais", répondit-elle. "Je n'imaginais pas que vous maintiendriez la défense aussi longtemps."

« Moi ?... une défense ? jamais, s'écria David, incité vaguement par cette remarque à une accession à l'assurance. «Je ne défends rien. Je me rends avec empressement. Je me roule à vos pieds, Miss Skinner. Tout ce que j'exige en retour, c'est que vous mettiez une étiquette sur ma soumission. Il est peut-être faible, mais j'aimerais bien savoir ce que j'abandonne.

"Ce que je devrais vous suggérer d'abandonner, c'est votre tentative de me tromper (nous) quant à votre identité."

« Ah ! suis-je bien quelqu'un d'autre, alors ? Ma foi, je ne peux pas féliciter l'autre.

« Vous avez écrit votre nom pour mon père hier, et encore une fois sur cette carte ici ce matin, sous le nom de Mosscrop – David Mosscrop .

Il acquiesça d'un signe de tête et laissa un début d'expression confuse et contrite se dessiner sur son visage.

"Eh bien, il se trouve qu'au moment où je t'ai vu pour la première fois, j'ai su qui tu étais vraiment. Par le plus simple des hasards, votre photo m'a été montrée – par un monsieur qui vous connaît intimement et qui vous est en effet lointainement apparenté – à bord d'un navire qui approchait. Je t'ai reconnu instantanément, là, au Musée, et j'ai fait te parler papa. J'étais curieux de voir ce que vous diriez et feriez.

« J'ai bien peur que vous ayez été déçu. Tu pensais que j'allais crier et danser, ou quoi ? Il eut du mal, avec un certain succès, à parler impassiblement.

"Je n'avais jamais rencontré personne auparavant dans votre position dans la vie, et j'ai eu le caprice d'expérimenter pour mon propre compte." Elle a dit cela comme pour défendre son action auprès d'elle-même plutôt que devant son auditeur.

"Et puis-je aussi satisfaire mon petit caprice?" Il a demandé. "Je suis extrêmement curieux de savoir comment vous aimez votre expérience jusqu'à présent."

Elle ne répondit pas immédiatement, et il occupa l'intervalle par une sérieuse bagarre mentale après avoir compris où elle voulait en venir. Il ne connaissait aucun homme qui possédait son portrait, du moins parmi ceux qui descendaient à la mer sur des navires. Pour commencer, aucune photo n'avait été prise depuis des années. Un de ses parents éloignés, avait-elle dit, et lors d'un voyage très récent en provenance d'Amérique. Qui diable cela pourrait-il être ? Quelle connaissance avait-il eu récemment en Amérique ? Tout d'un coup, la réponse lui vint à l'esprit. Il rit tout haut, avec une brusquerie qui ne le surprit pas moins que son compagnon. Mais ensuite, un air renfrogné perplexe éclipsa le sourire sur son visage. Il vit un peu plus loin dans la meule, mais c'était tout.

« J'espère que vous ne regrettez pas votre expérience », répéta-t-il. « Cela aurait peut-être été plus simple si votre père avait mentionné que vous étiez amis de M. Linkhaw . Cela en soi aurait été une ample introduction.

"Peut-être aurions-nous dû le faire si tu avais été seul." Son ton était froid, presque hautain.

Il réfléchit rapidement à ce que cela pourrait signifier. Sa remarque indiquait clairement que la présence de Vestalia lui avait paru répréhensible. Pourquoi? Il y avait là une complexité qu'il ne parvenait pas à comprendre. Ce foutu Drumpipes lui avait dit… quoi ? Eurêka ! Il l'avait ! La photo qu'elle avait vue était un petit ambrotype bon marché de Drumpipes et de lui-même, debout ensemble, qui avait été prise par un pauvre diable de photographe de bord de route, deux jours auparavant. C'était sans aucun doute ce que le comte lui avait montré – le seul qu'il aurait pu lui montrer. Et – pourquoi bien sûr – Drumpipes l'avait désigné, David, comme étant le Comte. Quel pouvait être son mobile, Dieu seul le savait, mais c'était manifestement la clé de l'énigme.

Il saisit cette clé avec décision, sur-le-champ. Il se redressa, fronça légèrement les sourcils et raidit laborieusement les muscles révélateurs de sa bouche.

« Je ne pense pas que j'aime vraiment cette idée de Linkhaw bavardant sur moi et mes affaires », dit-il avec austérité.

« Oh, je vous assure, » protesta-t-elle anxieusement, « il était très prudent. Il n'a donné que les réponses les plus modérées à mes questions. J'ai dû littéralement lui arracher des choses.

« Mais pour quelle raison avait-il montré ma photo au départ ? Il entendra ce que j'en pense ! Les allocations aux hommes ont été supprimées pour des montants inférieurs à ce montant.»

« Ce serait vraiment très injuste si vous lui infligeiez cela », insista la jeune fille presque en tremblant ; « Tout était de ma faute. Je lui ai demandé un jour s'il avait déjà rencontré un noble, et il m'a naturellement mentionné qu'un de ses propres parents était un comte. Un jour plus tard, il me montrait un petit portrait de lui-même et il me disait simplement que tu étais l'autre personne sur la photo, c'est tout.

« Et puis vous avez commencé à lui arracher des choses. Je crois que c'était votre phrase, remarqua David d'un ton sévère. La sensation d'avoir devant lui cette beauté fière et insolente dans un frémissement de supplication était très délicieuse.

« Naturellement, je lui ai posé des questions », a-t-elle répondu avec un peu plus d'entrain. « Chez nous, les comtes ne poussent pas sur tous les buissons. Et d'ailleurs, eh bien, mon Dieu ! il n'a fait que te louer du matin au soir. D'après son récit, on pourrait penser que le beurre ne fondrait pas dans la bouche. Il a fait de toi un saint ordinaire. J'étais tout à fait disposé à vous voir avec une auréole autour de la tête… et à la place, je… »

Elle s'arrêta net, avec un sourire confus et dépréciateur. David, le remarquant, se réjouit d'avoir pris un ton péremptoire à propos du bavard Linkhaw .

"Au lieu de cela, vous avez découvert que j'étais un simple mortel de chair et de sang comme les autres." Il se permit de se déplier et même de sourire un peu, en fournissant cette conclusion à sa phrase. « Était-ce une désillusion très douloureuse ?

« Oh, j'ai assez lu et entendu parler de la vie que mène votre classe ici en Europe », répondit-elle, avec un retour marqué vers ses anciennes manières. "Je ne prétends pas avoir été vraiment surprise."

David prit une expression judiciaire. « Compte tenu de la façon dont nous sommes élevés et des tentations qui nous sont imposées, dit-il impartialement, je ne dirais pas que nous sommes bien pires que les autres hommes. »

"Mais tu es plutôt mauvais, tu dois l'admettre."

Avant que David ait formulé de manière satisfaisante l'aveu attendu de lui, le bruit d'une porte qui s'ouvrait et de pas vint de l'intérieur.

«C'est papa», murmura la jeune fille en se penchant d'un air confidentiel. "Je vais lui dire."

«Je ne vois aucune objection valable», répondit David avec dignité.

CHAPITRE VIII.

Comme le balcon était trop petit pour une autre chaise et que M. Skinner ne s'approchait pas de la fenêtre, sa fille conduisit son invité dans le salon.

« Papa, dit-elle, tu te souviens du monsieur que nous avons rencontré hier au British Museum.

M. Skinner remit à sa place le *pince-nez* qui dépendait d'un fil d'or du revers de sa redingote soigneusement boutonnée, et scruta minutieusement la personne indiquée.

« Ah, oui, en effet », dit-il en poursuivant son regard, mais sans salutation ni offre de main.

"Il fait si sombre ici, je ne le crois pas", remarqua-t-elle pour masquer la gêne du moment. "Le soleil est parti maintenant, de toute façon ", et elle recula et posa la main sur la corde de l'auvent.

«Permettez-moi», dit David en se précipitant à ses côtés et en tirant sur le store.

« Il n'est pas en forme à propos de quelque chose », murmura furtivement la jeune fille. « Cela ne vous dérange pas ; laisse-le-moi faire.

l'attitude de M. Skinner ne semblait pas plus cordiale. Il regarda son visiteur d'un air dubitatif et laissa transparaître un sentiment d'embarras en sa présence. La fille, cependant, n'était nullement consternée par sa responsabilité.

« Papa, » dit-elle avec une décision vive, « c'était une blague hier. Notre ami a été tellement amusé par votre offre hier… »

« Je vous demande pardon, Adèle, intervint cérémonieusement le père, mais il m'appartient immédiatement d'exprimer mon désaccord. Pour éviter tout malentendu possible, il convient de préciser explicitement que, même s'il est vrai que la tâche de formuler la proposition à laquelle vous faites allusion m'a sans aucun doute dévolu, la proposition elle-même, tant dans son esprit que dans sa suggestion, est née de votre propre conscience. »

« Très bien, poursuivit-elle précipitamment, prends-le comme tu veux. Le fait est que ce monsieur a trouvé ça drôle, et il a donc terminé avec sa propre petite blague en se faisant passer pour quelqu'un d'autre. Il a inventé ce nom qu'il vous a donné sur un coup de tête, juste pour le sport. Il est venu ici ce matin, juste pour s'expliquer. Il était nerveux à propos de cette tromperie, aussi innocente soit-elle. Papa, permettez-moi de vous présenter le parent de M. Linkhaw , dont il parlait si souvent, vous savez : le comte de Drumpipes
.

M. Skinner a pris connaissance de ces renseignements avec une délibération respectueuse. Il s'inclina pendant ce temps et, après un moment d'hésitation déférente, serra formellement la main de David et lui fit signe de s'asseoir.

« Monsieur, commença-t-il en choisissant ses phrases avec encore plus de soin, vous m'excuserez si je ne vous appelle pas « Mon Seigneur », car c'est une forme de mots que je ne peux pas me résoudre à considérer comme convenable lorsqu'ils sont employés. par un être humain envers un autre ; mais je déduis de l'explication de ma fille que vos déclarations d'hier concernant votre identité ont été conçues dans un esprit de plaisanterie. Dans des circonstances ordinaires, monsieur, la révélation selon laquelle une de mes suggestions tout à fait sérieuses et convenables avait été accueillie avec hilarité pourrait ne pas donner à mon esprit une impression exclusivement flatteuse. Mais je ne ferme pas, monsieur, les yeux sur le fait qu'un large abîme d'usages et de coutumes, et, pourrais-je dire, de principes, sépare un simple démocrate jeffersonien comme moi du professeur d' une dignité européenne héréditaire. Je suis donc en mesure, monsieur, d'accepter, avec relativement peu de réserves, l'explication que vous avez donnée à ma fille et, par procuration, si je comprends bien, à moi.

David réprima un gémissement et chercha en toute hâte dans son esprit un prétexte décent pour fuir. «Je vous assure que cela me soulage grandement de vous trouver si courtoisement et magnanime», dit-il. « J'ai simplement cédé à l'impulsion ludique du moment ; et comme votre fille vous l'a si gentiment dit, je me suis empressé par la suite de réparer mon erreur, lorsque j'en ai pensé à une possible interprétation erronée. Il s'inclina de nouveau, en réponse à la génuflexion solennelle de l'autre, et regarda vers la porte.

« Je serais heureux, monsieur, » dit M. Skinner, « si vous vouliez nous faire l'honneur de rester déjeuner.

" Ah, j'aurais tellement aimé ça, " répondit David avec ferveur , " mais malheureusement j'ai un engagement à Marlborough House. Ce sera un véritable ennui, mais on n'y peut rien. Là, une invitation, vous savez, équivaut à un ordre. C'est l'un des inconvénients d'une monarchie, mais bien sûr, tout système a ses points faibles.»

«C'est une généralisation », répondit M. Skinner, «à laquelle je ne suis pas prêt à adhérer sans mesure. Je vais vous expliquer, monsieur, brièvement, les raisons qui dictent mon hésitation à entièrement...

"J'ai peur, M. Skinner, de devoir m'arracher", dit David en consultant anxieusement sa montre. « Le Prince ne pardonne jamais à un homme d'être en retard. Il doit tellement vivre lui-même selon un horaire, vous savez, prendre sans cesse le train, changer d'uniforme, se présenter à la minute exacte partout, poser les premières pierres, ouvrir les quais et dévoiler les statues, et ainsi de suite, que cela le rend intolérant envers les erreurs des autres. Et il a un souvenir effrayant de ce genre de choses.

"Je suppose que vous parlez de l'héritier présumé", commenta l'autre. « Dois-je comprendre que vous vivez dans un état de sujétion personnelle — qu'un noble dans votre situation, par exemple, envisage avec appréhension l'éventualité de causer le mécontentement le plus insignifiant et le plus passager au personnage auquel il est fait allusion ?

« Appréhension, mon cher monsieur ? Horreur positive ! Ah, vous ne connaissez pas la réalité ! Les gens irréfléchis nous voient de l'extérieur et imaginent avec légèreté que nos vies sont un cycle incessant de gaieté luxueuse et de plaisir doré. Ils s'imaginent qu'avoir des titres, porter des distinctions héréditaires, occuper de hautes places à la Cour, doit être la somme du bonheur humain. Bien sûr, je suppose que nous passons un meilleur moment que la moyenne, mais nous en payons le prix. On sourit, c'est vrai, mais il y a toujours un frémissement sous le sourire. Un simple souffle, un soupçon, le moindre caprice dérisoire de la défaveur royale , et nous aurions peut-être mieux fait de ne jamais naître ! Ainsi donc, termina-t-il avec une gentillesse inquiète, vous comprendrez maintenant mon brusque départ .

« Je me promets à une autre occasion, monsieur, dit M. Skinner avec plus de chaleur, le privilège de discuter longuement de ces sujets avec vous. Je ne nie pas que je sois moi-même aujourd'hui quelque peu préoccupé et dépourvu de concentration intellectuelle. Une autre occasion, j'espère, me trouvera mieux placé pour accorder à ces sujets la vigilance de compréhension et la clarté de jugement qu'exige leur importance. Pour le moment, j'avoue que mon esprit est accablé par une autre affaire.

"Oh, papa, tu n'as pas perdu ta lettre de crédit!" La jeune fille intervint avec des accents alarmés.

Le vieux monsieur secoua la tête et sourit d'un air dubitatif. « Non, » répondit-il avec hésitation, « c'est simplement qu'on m'a enjoint de garder le secret sur une révélation très curieuse et intéressante qui m'a été faite, et la dissimulation est profondément étrangère à ma nature. La nécessité de maintenir une réserve mystérieuse pèse sur moi, monsieur, avec une oppression inhabituelle.

"C'est quelque chose que tu as appris ce matin ?" demanda la fille. "Je te ferai me le dire dès que nous serons seuls."

"Ah, ce n'est pas possible", répondit le père. « Ma foi a été honorablement engagée et doit être scrupuleusement observée. »

« Mais on ne pouvait sûrement pas stipuler que *je* ne devais pas le savoir », a-t-elle insisté. « Ce serait absurde. Et d'ailleurs, qui connaît même mon existence ici ?

"Aussi incompréhensible que cela puisse paraître à vos perceptions", répondit M. Skinner, "il se trouve que vous avez été particulièrement mentionné dans les termes du pacte confidentiel qui m'a été imposé."

"Alors vous n'aviez aucune raison de vous lancer dans cette affaire", répondit-elle vigoureusement. "Papa, tu me surprends!"

Il y avait quelque chose dans ses pensées qui éclairait le visage sec du vieux gentleman d'une lueur passagère de jouissance. « Je hasarde l'humble opinion que votre surprise sera sensiblement augmentée lorsque, le moment venu, la vérité vous aura été révélée. » Il se tourna, avec un sourire fantaisiste dans les yeux, vers leur invité. « C'est une coïncidence extraordinaire, monsieur ; mais vous êtes aussi d'une manière associée à l'événement occulte auquel je ne peux pas faire référence de manière plus explicite pour le moment.

David regarda pensivement le vieux monsieur dans les yeux. «Oui, je sais», répondit-il; « mais je suis d'accord avec vous qu'il ne faut pas le divulguer à votre fille. Comme vous l'avez dit, nous, hommes du monde, avons le devoir de garder un voile décent sur certaines phases de la vie. Je suis tout à fait d'accord avec vous sur ce point, monsieur ; nous ne pouvons pas suffisamment respecter et protéger la douce innocence de nos jeunes dames.

M. Skinner regarda attentivement le noble et redressa sa silhouette élancée. « Ma mémoire, monsieur, annonça-t-il avec raideur, ne me rappelle aucune observation ressemblant le moins du monde, soit dans la forme, soit dans les sentiments, à celle que vous m'avez prêtée. Pardonnez-moi, monsieur, si j'ose vous rappeler davantage que je n'ai aucun désir de me considérer, ou d'être considéré, comme un homme du monde, dans le sens dans lequel j'entends ce terme comme étant utilisé par la classe aristocratique en Grande Bretagne."

La jeune femme semblait partager les sentiments de son père à ce sujet. « Vous devez vous rappeler, Lord Drumpipes , ajouta-t-elle froidement, que nos normes en la matière ne sont pas les vôtres. J'ose dire qu'il semble assez naturel à quelqu'un dans votre situation, et compte tenu de vos antécédents et de vos associations, qu'un vénérable vieux gentleman aux cheveux blancs ait des secrets honteux qu'il devrait cacher à sa famille ; mais nous avons un point de vue différent sur la signification du mot « gentleman » et sur les obligations qu'il implique.

"Ah, maintenant je t'ai offensé!" s'écria David avec un air de remords. « Je vous assure que ma seule pensée était d'aider votre bon père à se sortir du pétrin. Si j'ai mal agi, je vous prie d'attribuer cela à mon empressement excessif à vous aider. Et maintenant, » il jeta un coup d'œil consterné à sa montre, « maintenant je dois vraiment courir. Au revoir! Au revoir, M. Skinner. Rappelez-vous que je compte sur cette fameuse discussion avec vous. Et vous pouvez compter entièrement sur ma discrétion… en ce qui concerne votre secret, vous le savez.

Le père et la fille restèrent un moment debout, regardant la porte derrière laquelle leur noble hôte avait disparu. Alors la jeune fille tourna son regard avec décision vers l'auteur de son être.

« Papa, » dit-elle avec une résolution calme, « que voulait-il dire par ses remarques sur votre secret ?

"Eh bien, Adèle", protesta l'autre, hésitant un peu sous son regard, "tu as toi-même répudié, dans les termes les plus éloquents et les plus irréfutables, la simple suggestion selon laquelle je pourrais éventuellement être animé par le désir de dissimuler tout acte ou incident indigne aux yeux de tous." votre observation.

"C'était pour *son* bénéfice", répondit-elle tranquillement. «J'étais déterminé à ce qu'il sache ce que nous pensions de *son* code moral. Mais cela n'affecte en rien la question de savoir ce que vous avez fait. Dois-je comprendre que vous allez insister pour refuser de me dire où vous étiez, qui vous avez vu, quel est votre soi-disant secret ?

«Adèle!» il a insisté : « Je dois vraiment garder une réticence quant aux détails essentiels de l'affaire en question — peut-être seulement pendant quelques jours — au moins jusqu'à ce que l'obligation de secret soit levée. Vous ne voudriez pas que je recrée ma foi, n'est-ce pas ?

"Mais quelle affaire aviez-vous en lui faisant une telle promesse?"

"Son!" » dit M. Skinner en souriant faiblement ; vous plaisantez, ma chère Adèle. Comment peux-tu imaginer que ce soit une « elle » ? »

« Je n'imagine pas ; Je sais », répondit la fille avec un sourire dur et sec. « Vous avez vu hier la fille aux cheveux jaunes que Lord Drumpipes avait avec lui au Musée. La lettre qui vous a convoqué ce matin était d'elle. Vous m'avez présenté des excuses décevantes et êtes allé à sa rencontre — et vous ne me regarderez pas dans les yeux et ne le nierez pas.

En vérité, il n'a pas relevé son défi. Il baissa la tête, détourna le regard et traîna les pieds. « Tout ce que je suis libre de dire, remarqua-t-il enfin avec une émotion visible, c'est que mon chagrin d'être obligé de me reposer temporairement sous l'ombre importune de vos soupçons est, dans une certaine mesure, atténué par la conscience que lorsque vous savez tout, vous rendrez amplement justice à la probité de mes motifs et au caractère honorable de mes actions. Je pourrais même aller plus loin et exprimer la conviction que le résultat sera de nature à vous apporter une satisfaction personnelle sans mélange.

— C'est peut-être tout cela, répondit Adèle ; mais en attendant, tu ne sors plus seul à Londres !

Mosscrop rit tout seul en descendant les escaliers de l'hôtel. L'esprit de gaieté restait avec lui tandis qu'il montait plus lentement les escaliers, le passage sombre et le chemin couvert menant au Strand. C'était la chose la plus comique dont il ait jamais entendu parler, et il rit encore et encore pendant l'ascension. Mais dans cette artère bondée et animée, cela a cessé de paraître si drôle, ou du moins sa valeur en tant que source de divertissement a commencé à diminuer rapidement. Il se retrouva irrésistiblement revenu à la déception du petit matin. L'image de Vestalia surgissait dans sa vision mentale et ne voulait pas disparaître. Il y réfléchissait tout en marchant et reconnaissait que les incidents et les personnalités intervenus n'avaient en aucun cas atténué son intérêt pour ce sujet. Il revoyait ses magnifiques cheveux, son sourire éclatant, ses petits airs et ses grâces chères, avec un vide de cœur désireux.

Le déjeuner offert au Barbary Club était encore plus désagréable que d'habitude, ce qui en disait long. Le fait familier que les serveurs étaient allemands le frappa de nouveau et prit les proportions d'un grief international. Il y avait des gars à l'étage qui jouaient à ce qu'ils pensaient être du whist. Il resta un moment au-dessus des épaules de quelques joueurs et remarqua, d'un œil cynique, les progrès de leur chaude rivalité quant à savoir qui devait contribuer à la perte du caoutchouc par la plus grande incapacité et la plus belle stupidité. Lorsqu'ils lui ont demandé s'il voulait intervenir, il s'est détourné avec un reniflement de mépris moqueur.

Dans la salle de billard, il n'y avait que le marqueur et le membre qui jouait bien moins bien que quiconque dans le club. David a accepté avec aigreur de s'occuper de cet étranger flagrant et a été battu par lui. Le résultat était si clairement dû au hasard qu'il misa de l'argent sur le prochain match. Une fois de plus, le duffer s'effondra comme un fou et gagna, et dans une troisième partie, sa chance fut d'un caractère si flagrant, que Mosscrop ne put s'empêcher de faire un commentaire bruyant. Cela ne plaisait pas à son antagoniste. Ils se séparèrent sur des mots durs, et Mosscrop , maudissant l'heure où il lui vint pour la première fois à s'identifier à une brasserie aussi sordide, se hâta avec colère d'en secouer la poussière de ses pieds.

Il se dirigea vers Bloomsbury et le Musée, par des rues détournées dont les vieux étals de livres lui faisaient signe pour une fois en vain. Au fond de ses pensées, une sorte d'idée avait germé discrètement : il pourrait peut-être y trouver Vestalia . Dès son entrée dans le bâtiment, elle prit les contours d'une attente. Lorsqu'il se présenta dans la salle de lecture elle-même et commença à scruter systématiquement les rangées rayonnantes de lecteurs, c'était avec autant de confiance que s'il était venu sur rendez-vous. Ne pas la découvrir le dérangeait et l'ennuyait. Il fit un lent tour du cercle intérieur, puis un autre du cercle extérieur plus large, et ne laissa aucun des étudiants profès échapper à son œil scrutateur.

Quel équipage ils formaient ! Il ne s'en était jamais rendu compte auparavant. Son inspection hostile mettait à nu les artifices puérils des jeunes fous qui venaient d'un commun accord, prenaient des livres au hasard et, assis les uns à côté des autres, flirtaient clandestinement sous le masque aveugle de la littérature. Il lança un regard noir aux femmes extraordinaires que personne n'avait prévu de rencontrer, ces femmes solitaires aux coiffures excentriques et aux costumes surprenants, qui surgissent d'on ne sait où et se rassemblent mystérieusement ici en quête de quelque chose qui semble incroyable. même le ciel devrait pouvoir le définir. Observant maintenant l'égoïsme vide de leurs mouvements et leurs postures à la manière des autres, l'attirance désespérée vers l'attention du public provoquée par leurs vêtements extravagants et leur tenue générale, les pensées de David se tournèrent sombrement vers le fait qu'il y avait des terres, les sièges d'anciennes civilisations, où les filles superflues se noyaient à la naissance. Ici, réfléchit-il avec une ironie maussade, nous leur apprenons à lire et à écrire, et nous leur construisons et approvisionnons à la place une vaste salle de lecture. Son humeur préférait le Gange à la Tamise.

Il y avait plus de pathos dans le spectacle d'une autre classe de serviteurs habituels : les serfs pauvres, minables et affamés du marchand de cotation. Mosscrop connaissait le genre de vue et, à d'autres époques, il s'était amusé de leur contemplation. Comme une sombre rage l'envahit en les voyant travailler sans intelligence, désespérément, sous le fouet de la famine. Il observa un moment l'un des esclavagistes, un petit homme rouge, à l'aspect d'araignée enflé , qui se déplaçait pour maintenir ces misérables en sueur à leur labeur, distribuant maintenant quelques sous à celui qui pouvait rester debout sans nourriture pas une minute. plus longtemps, et qui s'enfuit aussitôt avec une hâte de loup, maintenant en flétrissant un autre avec des reproches chuchotés de menaces. Mosscrop avait envie d'aller briser le cou de cette créature, ou tout au moins de lui donner un coup de pied, avec des injures bruyantes et le plus grand mépris, depuis la pièce.

Il sortit lui-même, animé par un esprit rafraîchissant de ressentiment face à la futilité de l'existence. Par pure habitude, il traînait devant les vitrines des magasins, retournait crochets et gravures dans l'un après l'autre de ses lieux de brocante habituels, et tuait autrement le temps jusqu'à l'heure du dîner. Mais il a fait tout cela sans prétendre intérieurement que le processus lui apportait une consolation. Même lorsqu'il rencontrait quelques gars du Temple, à Chancery Lane, et les rejoignait dans une série de visites dans d'anciens bars des environs, où ils restaient tous debout d'une longueur lassante et discutaient avec une intolérable inconséquence sur des sujets totalement hors de propos autour de leurs boissons, ses pensées maintenaient une concentration maussade sur le thème de son malheur personnel. Les contributions éparses qu'il offrait à la conversation générale étaient toutes d'un caractère âcre, pour ne pas dire truculent. Il éprouvait une sorte de satisfaction austère à proférer des quolibets offensants et des plaisanteries amères. Par deux fois, la menace d'une altercation surgit à la suite de ses commentaires malveillants, et David accueillit d'un air maussade la querelle imminente ; mais l'intervention des autres, sans aucune aide de sa part, remettait de l'ordre dans l'atmosphère. Cependant, même les artisans de la paix ont exprimé l'opinion qu'il se comportait mal et ont hoché la tête joyeusement lorsqu'il a finalement déclaré qu'ils étaient une bande de fous sans inspiration, avec lesquels il s'étonnait de se retrouver à perdre un temps précieux. Ils levèrent leurs lunettes d'un air moqueur alors qu'il s'éloignait à grands pas, avec la lueur d'un « bon débarras ! » inexprimé ! à leurs yeux.

La conscience qu'il s'était rendu désagréable à ces camarades avait son utilité comme contre-irritant contre son dégoût intérieur. Cela rendait la solitude au moins un peu plus supportable. Il a acheté un roman et l'a lu à côté de son assiette chez Simpson, où les joints lourds et la vieille bière lourde convenaient parfaitement à son humeur. C'était un livre dont les journaux parlaient pour le moment. David pensa sombrement en parcourant les premiers chapitres que Vestalia lui avait demandé pourquoi il n'avait pas écrit de roman écossais. Ils étaient tous à la mode, disait-elle, et tant que la mode durait, il était absurde pour un Écossais de prétendre qu'il ne pouvait pas occuper son temps libre de manière rentable. Il avait répondu, avec une certaine désinvolture, que ses facultés imaginatives pouvaient englober la construction d'un conte, mais qu'elles étaient inégales à la tâche d'inventer également tout un dialecte pour le raconter. Comment, alors que l'envie lui revenait, son imagination parodiait un titre de cette œuvre à naître. Que feraient « Une déesse, des imbéciles tout simplement ordinaires et un seigneur de la cornemuse » ?

Ah ! ces Drumpipes ! David paya sa facture, alluma un cigare et sortit, soudain informé de l'idée d'aller à l'auberge et de sortir avec le comte. Il serra les poings tout en se précipitant.

Le dernier étage de Dunstan était plongé dans l'obscurité. Mosscrop a frappé et donné un coup de pied en premier à « M. ». La porte de Linkhaw pour s'assurer que personne n'était à l'intérieur, puis il ouvrit la sienne et alluma la lumière. L'appartement avait encore à ses yeux l'aspect froid et désolé dont il se souvenait du matin. Le temps avait changé et l'air humide suggérait un incendie. Il enfila sa ample veste et ses pantoufles, se rappelant tristement la vision qu'il avait eue seulement vingt-quatre heures auparavant, de cette jolie petite chaussure d'hermine sur l'aile à côté de la sienne, devant la grille rougeoyante. Il sortit la carafe et un verre et soupira profondément.

Puis, tout à coup, il aperçut quelque chose de blanc dans la boîte aux lettres. Au même instant, il déchirait une enveloppe timbrée, adressée dans une grande écriture étrange qu'il connaissait pourtant si bien, et s'efforçait avec enthousiasme d'avaler le sens de toute la page écrite devant lui, sans se soucier de lire les lignes dans leur contenu. séquence. Oui, c'était d'elle, et... oui, il contenait des paroles de bonté et même de tendresse qui ressortaient çà et là avec éclat dans le contexte. Il se ressaisit et, marchant vers la lumière, il recommença résolument par le début.

« Cher M. Mosscrop , j'espère que vous n'avez pas été *très* déçu de me trouver parti ce matin, ou plutôt, j'espère que vous *avez été* un peu déçu, mais que vous ne le serez plus lorsque vous aurez cette explication. Je ne sais pas non plus si cela peut s'appeler une explication, car il me semble que je ne suis pas du tout capable de m'expliquer, même à moi-même, et encore moins à vous.

« Le fait est que tu as été si gentil et si gentil avec moi, que je *devais simplement* faire ce que j'ai fait. J'ai tout vu après notre séparation. Dans ces circonstances, et surtout compte tenu de la manière délicate et noble avec laquelle vous m'aviez traité, c'était la *seule chose* que je pouvais faire !

« J'aurais dû vous laisser un message dans votre boîte aux lettres, mais il n'y avait pas un bout de papier, pas même un livre dont je pourrais déchirer une page de garde, dans la chambre de M. Linkhaw , ni du matériel d'écriture d'aucune sorte. trier. J'ai acheté ce papier chez une papetière et j'écris ce billet dans un bureau d'hôtel.

« La chère trousse de toilette et les autres belles choses que je vous dois, je les ai emportées avec moi parce que cela m'aurait brisé le cœur de les quitter, et j'étais sûre que vous seriez aise de me les faire prendre. Chaque fois que je les regarde, et à chaque autre fois aussi, je penserai au meilleur homme que j'aie jamais connu ou dont j'ai jamais rêvé. Il s'est produit quelque chose *de très important* , qui pourrait s'avérer pour moi le *plus grand avantage possible* .

C'est encore très *incertain* et je ne peux pas vous en parler pour l'instant, mais j'espère pouvoir le faire bientôt.

« En attendant, croyez en ma gratitude éternelle. Vestalia .

David inspira longuement, se servit à boire, alluma sa pipe et s'assit pour relire la lettre. Il arriva lentement à la conclusion qu'il était heureux qu'elle l'ait écrit – mais au-delà de cela, ses sensations restaient obstinément indéfinies. La jeune fille avait disparu derrière un mur épais et haut que son imagination était incapable de franchir. Quelques faits épars prenaient dans son esprit une certaine netteté : elle était évidemment partie tout à fait d'elle-même, et elle avait apprécié l'esprit de son attitude à son égard la veille, et elle avait rencontré ce jour-là, le lendemain, quelque chose ou quelqu'un qui pourrait lui porter chance. Quel genre de chance ? se demanda-t-il.

Il y avait une promesse implicite dans ses paroles qu'il serait informé lorsque cette mystérieuse bienfaisance prendrait forme. Cela lui apportait très peu de réconfort. En fait, il détestait plutôt l'idée qu'elle bénéficie d'une chance à laquelle il n'avait aucune part.

Supposons plutôt qu'il ne se détache pas. Reviendrait-elle alors vers lui, ou au moins le lui ferait-elle savoir, afin qu'il puisse se hâter de nouveau, comme sa providence spéciale ?

Ah, c'est ce qu'il avait voulu être : sa providence. L'idée de tout faire pour elle, d'être la source de tout ce qu'elle avait, de prévoir ses besoins, d'inventer ses plaisirs, de subvenir avec joie au moindre de ses doux petits caprices, le charme de ce *rôle* le fascinait plus que jamais. Il se rappelait en détail les émotions de plaisir qu'il avait éprouvées en lui achetant des choses. Par quelque loi qu'il reconnaissait sans l'analyser , le plus grand plaisir était né de l'achat des articles dont elle avait le plus besoin. Il n'y avait eu qu'une extase modérée et tempérée à payer du champagne, mais oh, le bonheur d'acheter ses bottes, et ces fers à friser, et ce peigne ! Rétrospectivement, il en était à nouveau ravi. Qu'aurait-il été de la voir entièrement vêtue des vêtements qu'il lui avait fournis ?

Mais la cage était vide : l'oiseau s'était envolé. Reviendrait-elle encore ? Y avait-il vraiment la moindre allusion à une telle possibilité dans sa lettre ?

Non. Il le relut encore et secoua la tête en direction de l'aile avec un gémissement désespéré. La tristesse de sa rêverie engourdissait ses sens. Il laissa sa pipe s'éteindre et laissa le verre près de son coude rester intact, tandis qu'il restait assis avec ses tristes pensées pour compagnie, et n'entendait même pas les pas qui montaient bientôt l'escalier.

Un léger petit coup à la porte le fit sortir de ses méditations. Il se leva, le cœur battant, et leva la main vers son front avec émerveillement. Avait-il dormi et rêvé ?

Les tapotements délicats sur le panneau se renouvelèrent. David se dirigea comme en transe vers la porte.

CHAPITRE IX.

Mosscrop tourna sans bruit la serrure à ressort et ouvrit la porte avec une douceur caressante . Ses yeux s'étaient intuitivement préparés à discerner la forme élancée de Vestalia dans la pénombre du passage. Au lieu de cela, ils virent, avec une répulsion abasourdie, une masse masculine et robuste. S'élevant dans une confusion furieuse du niveau auquel ils s'attendaient à son cher visage, ils aperçurent le visage stupide et lunaire de Lord Drumpipes .

"Mon Dieu!" gémit David, dans un franc abandon au dégoût.

"Cette fois, je suis venu tranquillement", a déclaré le comte. « Vous avez fait tellement de bruit hier soir à propos de mon bruit, je me suis dit : « Maintenant, n'importe quoi pour plaire à Davie ! Je vais voler comme une souris dans des pantoufles de liste.'»

David lui lança un regard furieux et impatient. "Qui diable se soucie de ce que *tu* fais?" » demanda-t-il brutalement. « Vous auriez pu marcher avec un orchestre de l'Armée du Salut, même si cela m'importe. »

"Ah," dit Drumpipes , se frayant tranquillement un chemin devant Mosscrop par la porte ouverte. "Eh bien, donne-moi à boire, Davie, mec, et ensuite raconte-moi tout ça. Où peut-être la dame en ce moment ?

Mosscrop entra et sortit un autre verre à l'air sombre. Il regarda le comte s'asseoir sur la plus grande chaise, se servir de la carafe et allumer sa pipe, le tout dans un silence maussade. « Elle est partie », dit-il enfin froidement.

"Et du bon travail aussi!" remarqua l'autre. « Méfiez-vous de tous les cheveux jaunes, Davie ! Avez-vous été à ma place et vu ce que cette femme a fait ? Mon orignal de l'Athabaska a été arraché du mur et mis en pièces sur le sol ! C'est une question de cinquante shillings, ou même plus, Davie. Compte tenu de ce que vous avez déjà dépensé pour elle, j'appelle cela un comportement sans cœur de sa part. Elle doit être vraiment mauvaise pour prendre tout ce que vous voudriez lui donner, et vous tromper jusqu'au bout, puis détruire sans raison des biens qu'elle savait que vous deviez réparer, avant de prendre congé de France. Ah, ce n'est pas pour rien qu'on donne aux femmes ce genre de cheveux ! Vous êtes bien sorti d'un désastre ingrat, Davie.

Mosscrop regarda son ami d'un air songeur. Il sourit un peu intérieurement, puis soupira également. Un caractère plus calme lui revint. "Je ne partage pas votre point de vue, Archie," dit-il presque doucement. « J'en ai été aussi triste qu'un enfant qui a perdu son animal de compagnie, mais je suis moins inconsolable qu'avant. Des compensations me viennent à l'esprit... et d'ailleurs j'ai une lettre d'elle. Il est venu ce soir, et d'après son ton... »

« Brûle-le, mec, brûle-le ! l'autre l'adjurait avec une ferveur empressée . « Chassez toute cette affaire de votre esprit ! Si vous me donnez votre parole solennelle, Davie, de ne plus la revoir (le comte fit une pause pour investir ses paroles d'une gravité plus profonde) si vous promettez fidèlement de ne plus avoir affaire à elle, je je te pardonnerai l'orignal. J'ai dit cinquante shillings, mais je doute que vous obteniez un bon travail avec moins de trois livres. Eh bien, si vous dites le mot, j'empocherai cette perte. Arrêtez tout, vous êtes mon ami d'enfance, et j'irais très loin pour vous sauver d'un dangereux enchevêtrement de ce genre. Même si ce n'était en aucun cas une tête ordinaire. Mec, j'ai vraiment adoré ce moosie !

Le visage rasé et quelque peu jaunâtre de Mosscrop avait peu à peu perdu son aspect mélancolique. Un sourire joyeux commençait maintenant à apparaître aux coins de sa bouche. « Archie, » dit-il avec une affectation de sérieux exagéré, « un élan ne vaut plus ou moins la peine d'être mentionné en comparaison de la situation à laquelle vous allez être confronté. Je connais la bête dont vous parlez. Ce n'était pas grand-chose. La fourrure tombait par plaques sur son cou, un de ses yeux était détaché et la peinture rouge sur les narines était oxydée. Vous n'en auriez pas eu douze et six nulle part au monde. Mais s'il s'agissait du trophée le plus prestigieux jamais monté, et que sa valeur ait ensuite été multipliée par cent, ce serait encore une perte de temps d'y réfléchir à deux fois. Des questions plus graves exigent votre attention, Archie.

Le visage du comte s'allongea et il posa son verre. Apparemment, il ne se faisait pas confiance pour parler, mais il regardait son ami avec inquiétude.

« Comme vous l'avez dit tout à l'heure, poursuivit David avec une délibération vexatoire, nous sommes amis depuis l'enfance. Mon père était l'homme d'affaires de votre grand-père et il a été votre agent jusqu'à sa mort. Toi et moi avons joué ensemble avant d'être éliminés. Nous sommes allés à l'école ensemble et j'ai passé plus de vacances à Skirl avec toi qu'à la maison. Je connais donc les tenants et les aboutissants de votre famille et de ses affaires pratiquement aussi bien que vous. Je connais vos sœurs... »

« Vous ne voulez pas dire qu'Ellen a abandonné son travail missionnaire Zenana en Birmanie et est revenue ici en Angleterre ? Des tambours interposés, avec un souffle convulsif.

"Non; Lady Ellen, autant que je sache, est toujours paisiblement occupée à perturber la vie domestique de l'Orient de sa manière bien connue et la plus efficace.

"Eh bien, tout le reste *doit* être un mal mineur", dit le comte avec un accent de soulagement. « Quels que soient les autres, Davie, je vous dis d'emblée que je m'en lave les mains. Mes sœurs ont fait des vingt-cinq premières années de ma vie un tourment sur terre. Ils m'ont intimidé et m'ont fait perdre toute paix dans ma vie de jeune ; ils ont fait mon mariage pourri pour moi ; ils ont pris mon argent et ont ensuite noirci mon caractère en guise de récompense ; ils--"

"Oh, je connais tous ces gags par cœur", intervint Mosscrop . « Ce sont vraiment des corps très convenables, vos sœurs ; s'ils avaient un tort, c'était de croire qu'ils pouvaient faire une bourse de soie avec une oreille de truie. Mais ce n'est pas du tout d'eux que je parlais. Le fait est, Archie, que j'ai fait la connaissance de M. Laban Skinner et de sa fille extrêmement séduisante.

Le comte accueillit cette nouvelle avec une lenteur considérable. Il sirota son verre en silence, puis regarda un instant son ami. "Eh bien, qu'y a-t-il de si alarmant là-dedans ?" » demanda-t-il enfin, d'une voix rauque, perplexe et agacé. « Ce sont des gens respectables, n'est-ce pas ? Et de toute façon, à quoi veux-tu en venir ?

"Ah, si tu prends ce ton avec moi, mon vieux, je me retire immédiatement de cette affaire."

Drumpipes fronça les sourcils. « Quelle affaire ? Comment savez-vous qu'il y a une liaison ! Et quelle affaire avez-vous là-dedans, s'il y a une liaison ? Vous êtes trop officiel, mon ami. Vous en prenez trop sur vous-même.

Mosscrop rit avec une joie alléchante dans les yeux. "Avouez que vous songez à faire de cette dame une comtesse."

"Eh bien, et si je le fais?" rétorqua le comte. « Bon sang, mec, je n'ai pas besoin de te demander la permission, n'est-ce pas ? Et, allez, je vous le dis franchement, avez-vous déjà vu une femme plus belle dans votre vie ?

David haussa les sourcils d'un ton judiciaire et pencha la tête de côté. "Oh, je ne dis pas qu'elle n'a pas de problème… en apparence", a-t-il admis.

« Mec, elle est merveilleuse ! Juste merveilleux!" s'écria l'autre. « Est-ce que sa marche vous dérange ? C'est comme si elle n'était jamais sortie d'un palais de sa vie. Et le visage, les yeux, la couleur , la silhouette, quelle reine d'Europe peut leur correspondre ? Mec, depuis que je l'ai vue pour la première fois, je ne suis plus du tout moi-même. La pensée d'elle m'envoûte. Je sais à peine ce que je fais. J'ai été aujourd'hui chez mon tailleur et je lui ai donné des ordres qui lui ont coupé le souffle. Les vêtements les plus chers, et même les fourrures, je les commandais d'un cœur aussi léger que s'il s'agissait de six pence. Cet homme me connaît depuis l'enfance et il me regardait comme si j'étais complètement idiot. Il secouait la tête quand je suis parti. Oh, je suis une personne complètement différente, je vous l'assure. De nos jours, je jette littéralement de l'argent sur moi.

"Vous devez en effet être amoureux", a déclaré Moss-crop. "Le père, il donne l'impression d'un homme riche."

Le visage du comte brillait. "Il est dans la Standard Oil Company!" » murmura-t-il d'une manière impressionnante.

Ce fait a créé une atmosphère de solennité digne. Les deux hommes se regardèrent un moment gravement, sans rien dire. Puis le comte, d'un air contemplatif, remplit son verre.

« C'est la plus belle femme que j'ai jamais connue », dit-il avec sérieux ; "et je pense qu'elle va m'épouser."

« La beauté physique et la Standard Oil forment une combinaison séduisante », a fait remarquer David avec philosophie ; "mais--"

« Oh, il n'y a pas de « mais » », insista Drum-pipes. « Elle est aussi belle d'esprit et de caractère que de corps. Je suis très attentif à l'intellect, comme vous le savez, et je l'ai étudiée de près. Elle a un cerveau très sain, Davie, pour une femme. Mais comment diable êtes-vous tombé sur eux ?

Mosscrop n'a pas expliqué. « Ce qui m'a impressionné chez elle, curieusement, dit-il avec un discours tranquille, c'était son aversion extrêmement démocratique pour nos rangs et nos titres héréditaires. Elle et son père semblent être les anti-aristocrates les plus violents que j'aie jamais connu.

"Oui, c'est *un* peu gênant", a admis le comte. « Je ne pense pas que ce soit plus que superficiel avec le vieil homme, mais Adèle – c'est son nom, aussi belle qu'elle-même, n'est-ce pas ? – elle est extrêmement sérieuse à ce sujet. Cela a plutôt bizarre mon discours – je ne leur ai pas parlé, vous savez, du titre et tout ça. Ils me connaissent tout simplement, M. Linkhaw .

"'Simple' est si précisément le mot", a commenté Mosscrop .

"Eh bien, que devais-je faire?" l'autre protesta en état de légitime défense . « Je voyageais sous ce nom dans le Kentucky – j'y suis allé pour assister à une grande vente de pur-sang, vous savez – et j'ai rencontré le père, puis j'ai rencontré la fille, et ils m'ont emmené dans leur maison à la campagne – un endroit magnifique. , par George – et elle avait tellement de choses à dire contre les classes ici, et elle a pris une position si ferme contre les titres et tout ça – eh bien, j'aurais *été* un costaud de lui dire au début ; et après, il m'est progressivement venu à l'esprit que je ne dirais rien du tout, mais que je continuerais simplement et la gagnerais en tant que M. Linkhaw . Alors je pourrais être sûr que j'étais aimé pour moi seul, n'est-ce pas ?

« Votre sentimentalité est des plus touchantes, dit David ; "mais je crains que cela ne vous coûte cher."

« Oh, à propos, oui, » remarqua Drum-pipes, rassemblant ses pensées ; "Vous avez dit quelque chose il y a quelque temps à propos d'une sorte de problème. Qu'est-ce que c'est?" Puis une idée lui vint et il releva la tête avec impatience. « Vous n'êtes pas allé bavarder sur moi, est-ce que vous... lui avez dit qui j'étais, et tout ça ?

« Bien au contraire », sourit David. «C'est elle qui a reconnu *moi* immédiatement en tant que comte de Drumpipes . Il semblerait que vous lui ayez montré ma photo à bord du navire et que vous lui ayez dit qui j'étais et tout sur moi. Vous souvenez-vous de l'incident ?

Le comte hocha bêtement la tête. "C'est ma foutue imagination," gémit-il. «Je me ridiculise toujours comme ça. Dieu seul sait pourquoi j'aurais dû sortir de mon chemin pour inventer ces conneries idiotes. Mais on devient terriblement barbare pour les conversations à bord, vous savez. Et c'est ainsi que tout est sorti, et elle rit en pensant à quel type de menteur et de type maladroit j'ai fait de moi-même — et je suis allé commander tous ces vêtements — et... »

« Soyez rassuré, très noble Thane », s'écria joyeusement David. « Il n'y a eu aucune divulgation. Rien n'est sorti. J'ai accepté la situation. Je ne vous ai pas trahi un seul instant. J'ai dit : « Certainement : je *suis* le comte de Drumpipes », sans même un battement de paupière. Il y a de l'amitié pour toi, si tu veux.

«Et a-t-elle cru...» commença à demander le comte. Puis il s'étrangla de joie grandissante, haleta, se retourna sur sa chaise et finit par éclater de rire. « Elle pense que tu... tu... » recommença-t-il, et il repartit de nouveau en pleine gaieté. "C'est la chose la plus drôle que j'aie jamais entendue", murmura-t-il enfin, retrouvant difficilement son calme et souriant à Mosscrop à travers des yeux mouillés de larmes de joie.

« Cela me ravit de voir à quel point l'aspect humoristique de la question vous séduit, observa David, parce qu'il y a une autre phase qui peut sembler manquer de gaieté. »

"Non; vous en tant que comte, c'est trop drôle ! » persista Drumpipes , avec un nouvel éclat de rire. Mais cela sonnait un peu faux à l'arrivée. Un regard à moitié dubitatif passa dans ses yeux et rendit son visage dégrisé. "Mais tu seras à mes côtés dans cette affaire, vieil homme, maintenant que tu l'as commencé, n'est-ce pas ?" » demanda-t-il d'un ton modifié.

"Mais ce n'est pas moi qui l'ai commencé", souligna calmement David. « Vous l'avez commencé vous-même, et elle l'a repris de son propre gré. Je me suis simplement sacrifié dans votre intérêt. Je suis resté immobile et j'ai entendu mes motivations dénigrées, mon caractère vilipendé, mes objets de vie couverts de mépris, tout cela à cause de vos crimes héréditaires, et j'ai pris tout cela comme un agneau. Mais supposer que je vais recommencer, ou indéfiniment, est une autre affaire. Cela ne me dérange pas de subir une seule humiliation temporaire pour le bien d'un ami, mais en faire une profession, c'est trop. S'il s'agissait même d'une pairie à part entière , ce serait peut-être différent, mais être interprété comme rien de mieux qu'un titre écossais – non, merci !

"Tu n'es pas l'ami pour lequel je t'ai pris", commenta le comte d'un ton déprimé. « D'ailleurs, ajouta-t-il d'un ton de défi, nous étions des Pilliewillies à Slug-Angus avant même que l'on entende parler des Campbell, ou avant que les Gordon n'aient appris à ne pas manger leur bétail cru. Et aucun Linkhaw n'a jamais dit à un Mosscrop : 'Je vois que tu es dans un trou et je t'y laisse.'

David sourit. « Non, vous donneriez toujours un coup de main – pour un prix fixe. Eh bien, Archie, je ne dis pas que je ne t'accompagnerai pas à travers tout ça, mais il doit y avoir des conditions. Et il doit y avoir un plan. Qu'as-tu l'intention de faire ?

«Eh bien, mon idée est», répondit l'autre avec hésitation, «que je devrais lui demander d'être ma femme alors qu'elle suppose encore que je ne suis que M. Linkhaw . Elle est comme toutes les filles américaines en ce sens qu'elle croit entièrement aux matchs d'amour. Donc si elle m'épouse en tant que M. Linkhaw , cela signifiera qu'elle m'aime. Eh bien, cela étant, je pourrai lui dire ensuite que je me suis aventuré dans une petite tromperie, uniquement pour avoir la chance de conquérir la femme que je désirais et pour être sûr d'être aimé pour moi seul. Et puis, arrête tout, je ne crois pas qu'il soit dans la peau d'une femme d'être en colère de découvrir qu'elle est devenue comtesse sans le savoir. Si je disais que j'étais un comte et qu'il s'avérait que ce n'était pas le cas, alors elle aurait un grief, mais c'est l'inverse.

« Précisément, répondit David, cette ignominie particulière m'est réservée. Mais supposons qu'elle ne vous accepte pas.

« Cela ne vaut guère la peine de le supposer. C'est pour ainsi dire compris entre nous, je pense, qu'elle m'acceptera.

"Mais alors supposons qu'elle vous abandonne, après que vous lui ayez révélé que vous n'êtes pas simplement M. Linkhaw ."

« Si c'est bien géré, je n'en ai pas peur non plus. Vous voyez, son père n'est pas un véritable Américain. Il est en réalité né en Angleterre et y est allé étant enfant. C'est une chose très curieuse, vous savez. Les Anglais qui y vont et aiment cet endroit deviennent plus américains que les Yankees ne le sont eux-mêmes. Mais ils ne changent pas leur sang, n'est-ce pas ? Et les femmes aussi sont assez semblables, quel que soit leur sang. Ils sont tous organisés pour mettre une couronne au coin de leur mouchoir de poche. Non, tout ira bien, si seulement tu restes près de moi.

"Ah, maintenant nous arrivons aux réalités", dit Moss-crop avec bonhomie. « Ce sera une affaire plutôt coûteuse, Archie. J'ai de très hautes idées, mon ami, quant à l'ampleur avec laquelle un comte doit se comporter. Je ne pourrais pas rêver de faire la chose sur la base économe et contractuelle qui vous convient. La tâche est difficile pour moi. Je devrai rester assis et avoir l'air totalement dépourvu de sensations mentales d'aucune sorte pendant des heures. Je ne connais rien au football ni au cricket, et je n'ai pas le nom d'un seul jockey sur la langue ; cela rendra la conversation pour moi une affaire embarrassante. Je souffrirai continuellement de savoir que je suis considéré comme un imbécile vicieux, un débauché, un joueur et un libertin des plus cruels, et cela m'épuisera beaucoup les nerfs. Je dois avoir une sorte de compensation. Maintenant, j'entretiens la théorie selon laquelle un noble ne devrait jamais avoir de petite monnaie sur lui. Conseils aux serveurs sur lesquels je mettrais un grand point d'honneur. Ils devraient toujours être en or. Glisser un souverain entre les mains d'un concierge de salle est aussi une action précieuse. Son comportement ultérieur donne une idée de l'attitude du monde visible tout entier à votre égard. Un quatre en main pour Brighton est également une bonne forme substantielle, si suffisamment de soins sont pris avec la tenue. Une cabine privée en ville est bien entendu indispensable. Je me rends compte , Archie, conclut-il en s'excusant, que je ne fais pas preuve d'une compréhension particulièrement complète des exigences du rang. Je ne peux penser qu'à quelques choses maintenant, sur un coup de tête ; mais je concentrerai toutes mes énergies sur la tâche une fois que je l'aurai sérieusement commencée. Vous pouvez me faire confiance pour être à la hauteur. Je serai un noble dont de simples baronnets se retourneront dans la rue pour s'occuper.

Drumpipes affichait un sourire pâle et troublé. « Vous auriez votre plaisanterie, Davie, à cause de la détresse de n'importe quel homme », dit-il faiblement.

"Blague!" s'écria Mosscrop . « Vous faites là une terrible erreur, Archie. Jamais l'homme n'a été plus sérieux.

"Mais vous n'auriez aucune possibilité de dépenser de l'argent ou de vous afficher", a insisté l'autre. « Bien sûr, je ne refuserais pas une livre ou deux, plus ou moins, s'il y en avait un réel besoin. Mais dans ce cas, l'essentiel est que vous deviez rester discret et ne plus être vu. Il n'est pas nécessaire qu'elle vous revoie. En fait, plus j'y pense, plus il devient clair qu'elle ne devrait pas le faire. Cela pourrait tout gâcher, tu ne vois pas ?

"Oh non, mon garçon !" » rejoignit David gaiement. « Je ne suis pas du genre ermite et aristocrate. Je suis le genre d'Earl qui est sur place, et qui fait savoir qu'il est présent. J'aurai des bagues aux doigts et des clochettes aux orteils. Je le ferai… eh bien, laisse-moi voir !

Son visage s'éclaira à la pensée d'une pensée vague. « Eh bien, mec, j'ai un anniversaire dans six jours ! Ça y est, le 24. Je savais qu'il y avait une différence d'un an sans une semaine entre nous. Elle me l'a lu ce matin hors de la pairie, le 24 août. Eh bien, je célébrerai cet anniversaire comme on ne l'a jamais célébré auparavant. J'offrirai à mes amis immédiats un divertissement à une échelle adaptée à ma position et à l'importance de l'événement commémoré. Que pensez-vous d'un wagon-salon spécial pour Portsmouth et d'un dîner sur mon yacht, hein ? On pourrait en embaucher un pour l'occasion, et envoyer une équipe de cuisiniers et de domestiques depuis un hôtel. Ou pourriez-vous les obtenir à Portsmouth ? Est-ce que quelque chose de plus approprié vous vient à l'esprit ?

"Continuez votre plaisanterie", répondit l'autre d'un air maussade. « Tout ce que je peux dire, c'est que c'est de très mauvais goût. Me voici dans cette situation difficile, et vous versez du vinaigre sur mes blessures au lieu d'huile.

« Standard Oil, je suppose que vous faites référence à cela. Non, tu auras l'huile, Archie. Vous serez mon invité à cette occasion et vous rencontrerez M. et Miss Skinner. Nous quatre constituerons le parti ; et je fournirai un spectacle si engageant du noble, porteur de dignités et de titres héréditaires, vu de près parmi ses amis intimes, que la dame sera émue jusqu'à l'admiration. Elle dira : « Ah, je n'avais jamais imaginé à quel point un comte pouvait être charmant, à quel point ses manières étaient parfaites, à quel point son tact était admirable , à quel point sa qualité d'hôte était superbe. Je la réconcilierai avec l'aristocratie *en bloc* .

"Dis, tu sais," intervint Drumpipes , "je ne suis pas sûr qu'il n'y ait rien là-dedans."

« Quelque chose dedans ? Mon cher monsieur, cela regorge de probabilités fructueuses. J'organise cette fête, et je le fais comme un comte devrait faire les choses. Je m'efforce de fasciner ce double transatlantique. Je mène leurs imaginations captives de ma séduction héréditaire. Je leur fais sentir qu'être les invités d'un comte est bien plus que de la beauté, des vêtements raffinés et de l'huile standard. Je les excite dans une chaleureuse lueur de tendresse envers la féodalité, une humeur qui fond à la simple pensée du médiéval. À ce moment psychologique, vous vous lancez et vous dites que vous êtes vous-même un comte – et vous y êtes ! »

Drumpipes hocha la tête, approuvant sa compréhension, tandis qu'il réfléchissait au projet ainsi esquissé. « Je ne suis pas sûr de ne pas aimer ce projet », a-t-il répété. « Mais c'est risqué. Elle est terriblement friande d'odorat, cette fille-là. Si vous n'y jouiez pas à fond, chaque minute, elle vous tirerait dessus comme un coup de feu. Vous la laisseriez beaucoup avec moi, n'est-ce pas, et vous consacreriez au vieil homme ? Ce serait le plus sûr, tu sais.

« Cela ne suffirait guère. Ce ne serait pas dans le personnage. Lorsqu'un comte donne une fête et qu'il y a une belle jeune femme dans les parages, il ne va pas discuter avec de vieux fossiles venteux en redingote. Cela ne semblerait pas naturel. Cela pourrait tout aussi bien ne pas éveiller les soupçons. Et maintenant, tu ferais mieux de partir. Je veux aller au lit."

Le comte se leva, resta un instant indécis, puis posa la main sur l'épaule de Mosscrop . « Davie, dit-il gravement, il y a une chose dont tu dois te souvenir. Vous n'êtes pas un homme doué pour gérer l'argent - si je ne connaissais pas vos ancêtres, je ne croirais jamais du tout que vous soyez Écossais - rappelez-vous, mon garçon , que ces avocats ont dressé des factures terribles contre moi, et les valeurs agricoles J'ai tous chuté de la manière la plus effrayante, et je n'ai pas gardé la main aussi serrée sur les cordons de la bourse, moi-même, comme d'habitude, et je fais donc cette chose avec modération… »

"Oh, tu es damné!" » rit Mosscrop et le poussa hors de la pièce.

Lorsqu'il était seul, l'idée d'aller au lit semblait avoir perdu son urgence. Il alluma sa pipe et se rassit pour relire la lettre de Vestalia .

CHAPITRE X.

Au petit-déjeuner, trois matins plus tard, M. Laban Skinner et sa fille s'attardèrent sur leurs assiettes et renvoyèrent le serveur dehors avec une certaine aspérité lorsque celui-ci, tenant pour acquis qu'ils avaient fini le repas, entra pour débarrasser la table.

Chacun avait lu une lettre du courrier du petit matin.

« C'est une invitation du comte de Drumpipes », remarqua le père en regardant sa fille par-dessus son *pince-nez*, « exprimant, en des termes que je suis contraint de qualifier de quelque peu brusques et banals, son désir que nous considérions nous-mêmes comme ses invités pendant toute la journée à l'approche du 24e instant, l'occasion étant l'anniversaire de sa naissance. Il lui remit la note pour qu'elle l'inspecte pendant qu'il parlait. "L'impression que sa phraséologie produit sur moi", a-t-il ajouté, "est celle de quelqu'un accomplissant un acte de courtoisie superficiel envers des étrangers de sa connaissance, à qui il offre cérémonieusement une hospitalité dont il suppose qu'elle sera refusée."

"Oh, pas du tout, papa", commenta Adèle en jetant un bref coup d'œil à la note. « Tous les nobles écrivent de cette manière formelle. Cela fait partie de leur éducation. Non; il veut que nous venions, c'est vrai. J'ai ici une lettre de M. Linkhaw , expliquant la chose. Bien sûr, c'était une de ses suggestions.

"J'ose espérer", a déclaré M. Skinner, "qu'il améliorera l'occasion d'expliquer également le fait autrement inintelligible que pendant une semaine entière, nous n'avons eu ni preuve oculaire ni aucune autre manifestation tangible de sa présence de ce côté de l'Atlantique. . Je n'hésite pas à avouer ma surprise de ce que, après ses multiples et, pourrais-je dire, importunes professions d'empressement à mettre ses services à notre disposition à Londres, je ne peux m'empêcher de considérer comme son indifférence à l'égard de notre... de notre être ici."

« Non, » dit Adèle avec confiance, « tout va bien. Il est resté en Écosse plus longtemps que prévu – une affaire familiale très urgente – et est arrivé à Londres il y a seulement quelques jours, et il a travaillé jusqu'aux yeux depuis son arrivée. D'ailleurs, continua-t-elle avec un petit sourire, il est très franc ; il dit qu'il n'a pas de vêtements convenables pour se promener à Londres, mais son tailleur travaille à lui en confectionner de nouveaux jour et nuit, et on lui promet qu'ils seront pour le 23, afin qu'à la fête d'anniversaire du lendemain...

— Je suis loin de présumer, Adèle, interrompit gravement le père, de vous attribuer un défaut ou une stupidité de perception lorsqu'il s'agit de considérations de délicatesse ; mais je crois pouvoir souligner qu'à la maison, du moins dans l'environnement social auquel vous êtes habitué depuis votre enfance, un jeune gentleman éviterait intuitivement un sujet de cette nature dans sa correspondance avec une jeune femme.

« Oh, ils sont différents ici », expliqua la fille avec nonchalance. « Ici, on parle assez ouvertement de beaucoup de choses que nous n'osons jamais évoquer. Vous vous souvenez de cette dame devant nous au théâtre hier soir, quand les hommes en complet sont venus lui parler entre les numéros, comment elle leur a dit tout de suite que, même s'il faisait si chaud , elle devait s'éventer tout le temps. pendant ce temps, ses jambes frissonnaient encore. Or, un discours comme celui-là renverserait Louisville, sans parler de Paris, du Kentucky, mais ici, il passe sans qu'on s'en aperçoive. C'est la coutume du pays. Je l'aime plutôt moi-même.

M. Skinner soupira et picora timidement son œuf avec une cuillère. « Je ne manque pas, j'espère, de tolérance à l'égard des divergences naturelles d'habitudes et de manières qui distinguent les branches largement séparées de la race anglo-saxonne, ni de désir de m'adapter à leurs particularités lorsque je les affronte au cours du cours. des voyages à l'étranger ; mais je me permets difficilement d'envisager avec satisfaction la méthode consistant à manger un œuf à la coque qui obtient la faveur dans ces îles. À mon avis, la négation du principe du centre de gravité impliqué dans la construction de ce coquetier, combinée aux dimensions inacceptablement insuffisantes de la cuillère… »

« Alors, mettez-le dans votre assiette ; le serveur ne reviendra pas avant que je sonne », suggéra la fille.

"Je préfère l'alternative de l'abstention", a-t-il répondu. "Le spectacle de taches sur le tissu ou sur l'assiette serait également suggestif pour l'examen minutieux du domestique."

Il se leva tout en parlant. Adèle, rassemblant les lettres, fit de même et sonna.

M. Skinner, après avoir jeté un petit coup d'œil au panorama sur la rivière depuis la fenêtre du balcon, puis parcouru les colonnes d'un journal sur le marché, se tourna de nouveau vers sa fille.

"Je suppose que nous devons accepter l'invitation du comte de Drumpipes ", remarqua-t-il timidement.

Adèle hocha la tête. « Eh bien, bien sûr », dit-elle ; « Cela doit être le début formel de tout. Il s'agit ici de rendre notre position parfaitement régulière. Lord Drumpipes est le chef de la famille de M. Linkhaw . Il est tout à fait normal qu'il prenne l'initiative de nous reconnaître .

« Ah oui, en nous reconnaissant », répéta-t-il. « Je suppose, Adèle, qu'il serait vain de ma part de revenir sur la question de savoir si vous avez suffisamment pesé les considérations opposées concernant M. Linkhaw et… »

« La miséricorde, oui ! » interrompit Adèle avec promptitude. « Ne recommençons pas ça. J'ai tout réglé dans mon esprit.

« Depuis que j'ai eu l'occasion d'observer personnellement et de converser avec le comte de Drumpipes , poursuivit le père, et de formuler ainsi des conclusions faisant autorité sur la noblesse britannique en général, j'ai consacré beaucoup de réflexion à ce sujet. Même si je ne prétends pas que mes opinions bien connues sur l'institution aristocratique dans son ensemble aient subi une quelconque transformation perceptible, je n'hésite pas à admettre que l'idée d'être lié par mariage avec le porteur d'un titre héréditaire n'est plus une réalité. se présente à moi dans des couleurs aussi repoussantes qu'autrefois. Si donc, avec vos avantages incontestables, l'idée vous venait à l'idée d'une alliance possible avec la noblesse, je ne voudrais pas que vous sentiez que mes convictions constituent une barrière nécessairement infranchissable pour...

"Non non!" » interrompit la fille en riant. « Je vous promets de ne pas tenir compte de vos convictions autant que vous le souhaitez. Mais maintenant, je veux que tu sors et que tu tues le temps tout seul quelque part jusqu'au déjeuner. Je veux être laissé seul. Il *existe* un endroit où les vieux messieurs américains peuvent aller, n'est-ce pas, sans commettre de bêtises ? Oh oui, il faut y aller, et pas seulement en bas pour traîner devant l'entrée de l'hôtel, mais tout de suite quelque part. Pourquoi? Mon cher papa, j'ai mes secrets aussi bien que toi.

« Mais mon secret, protesta-t-il faiblement, je vous assure, Adèle, que ce n'est vraiment rien du tout. Autrement dit, cela implique des questions à la fois intéressantes et importantes ; mais le fait que je ne puisse pas les mentionner est de la nature d'un pur accident et n'a absolument aucune signification.

"Au revoir jusqu'à l'heure du déjeuner", répondit Adèle avec une fermeté affable. "Et attention, quittez les lieux."

M. Skinner trouva son chapeau, sourit d'un air dubitatif à sa fille et, sans autre discussion, s'en alla.

Adèle, restée seule, regarda la montre à sa ceinture et compara son enregistrement avec celui de l'horloge ornée sur la cheminée. Elle prit le papier et parcourut d'un regard sans but une page après l'autre. Puis elle se promenait d'un mouvement agité, s'arrêtant de temps en temps pour jeter un regard renfrogné mais indifférent sur la scène qui s'étendait au-delà du balcon.

Enfin , on frappa à la porte, et au son de cela, alors même qu'elle criait un « Viens ! » clair et autoritaire. elle ôta de son beau visage sombre tout signe de perturbation ou d'émotion de quelque nature que ce soit.

Ce fut Vestalia qui entra dans la pièce – Vestalia , vêtue de vêtements délicats et sans prétention, soigneusement gantée et avec une assurance très radieuse sur son joli visage. Elle s'arrêta sur le seuil, hocha la tête plutôt que de s'incliner devant son hôtesse, et laissa un petit sourire pétiller dans ses yeux et jouer autour de sa bouche en bouton de rose.

« Votre père ne réussit pas très bien à garder ses secrets, je le constate, » remarqua-t-elle aimablement, en guise d'ouverture de conversation.

— Ne voudriez-vous pas vous asseoir, dit Adèle avec un calme exagéré. Elle prit elle-même une chaise et observa lentement son visiteur tout en continuant : « Mon père n'a aucun secret pour moi. Il essaie de le faire – une fois par pleine lune – mais cela n'aboutit pas. Mais je peux vous dire franchement qu'il ne m'a rien dit dans cette affaire. J'ai trouvé votre adresse et d'autres informations en fouillant dans ses poches. Je n'ai aucune obligation de vous le dire : j'en ai simplement envie, c'est tout. Je déteste la dissimulation.

"Et je suppose que vous avez fait vos affaires sans poches", suggéra aimablement Vestalia .

Adèle mit un peu plus de résolution dans son regard. «Je vous ai écrit pour vous demander d'appeler», dit-elle froidement, «parce que c'était devenu une nuisance de ne pas savoir ce que vous faisiez.»

" Ah, " répondit Vestalia , " il semble que votre père ait détruit une partie de notre correspondance. Comme c'est inconsidéré de sa part !

Miss Skinner fit une pause et fronça légèrement ses sourcils de reine. Elle ne semblait pas s'entendre. «Je n'ai pas envie de perdre du temps à essayer d'être drôle», a-t-elle avoué après quelques hésitations. « Maintenant que vous êtes ici, avez-vous une objection à me dire pourquoi vous avez juré à mon père de me cacher un secret ? »

"Oh, juste un caprice de ma part, rien de plus", lui assura Vestalia avec légèreté. "J'ai souvent des idées comme celles-là, dont je ne peux pas du tout expliquer."

"Non, tu avais une raison", insista l'autre avec gravité. « Et tu dois me dire ce que c'était. J'ai été franc avec vous.

"Et je ne serai pas derrière vous en toute franchise ", a déclaré Vestalia , comme si elle avait été gagnée par un appel à son meilleur moi. "C'est parce que vous me regardiez au Musée comme si vous pensiez que mes cheveux étaient teints."

"Eh bien, c'est vrai, n'est-ce pas ?" » demanda Adèle sans détour.

"Sur mon honneur , non!" répondit l'autre. « Et maintenant tu me regardes comme si tu pensais que ce n'était pas grand-chose sur quoi jurer. Il est possible que vous ne vous en rendiez pas compte , mais votre regard laisse à désirer en matière de politesse.

« J'ai bien peur que ce soit vrai », acquiesça Adèle. « J'ai l'impression de regarder très attentivement les choses, tout simplement parce que je suis myope. Je devrais porter des lunettes, mais elles ne me conviennent pas.

"Oui," dit Vestalia avec un regard méditatif, "ce serait dommage que vous les mettiez. Ils *nuiraient* à votre visage. C'est très beau comme ça, pour un style sombre.

«Parfois, j'ai l'impression que j'en ai presque marre d'être dans le noir», a avoué Adele. "Vos cheveux sont la chose la plus merveilleuse que j'aie jamais vue. J'ai pu voir que votre gentleman-ami du Musée l'admirait énormément.

"Oh oui, il l'a dit à plusieurs reprises", répondit Vestalia , avec une modeste démonstration de plaisir à ce souvenir.

encore une petite pause. Puis Miss Skinner essaya une autre ouverture. « Votre nom – Peaussier – indiquerait une origine française », remarqua-t-elle. « Et les Français sont tellement sombres, en général, n'est-ce pas ? Ma mère était créole – de Louisiane, vous savez – et je suppose que cela explique ma couleur .

"Eh bien, ma mère était écossaise", a expliqué Vestalia , "et ils sont sablonneux."

« Le gentleman écossais avec qui vous étiez au Musée était décidément un homme brun », suggéra Adèle avec désinvolture.

"Maintenant que j'y pense, c'est ce qu'il était", a déclaré Vestalia .

Le tic-tac mesuré et cérémonieux de la coûteuse horloge sur la cheminée réduisit le silence pendant un moment, tandis que les deux dames se regardaient.

« Alors tu ne me diras rien ? » » s'exclama enfin Miss Skinner.

« Le problème, ne voyez-vous pas, c'est que je ne sais pas du tout ce que vous voulez savoir. Si vous me dites exactement ce qu'il y avait dans les poches de votre père, je pourrai alors juger quelles lacunes existent dans vos informations.

Adèle éclata de rire. « Je crois que vous êtes vraiment un bon garçon, malgré tout », a-t-elle déclaré. « Dis-moi ce que tu fais ! Je vous assure que vous avez totalement tort de penser que je suis une personne contre qui il faut se protéger et dont il faut garder des secrets. Viens, tu ne vois pas à quel point je t'aime vraiment ? Et tu ne me feras pas confiance ! Je suppose que c'est le tempérament blond, méfiant, insensible et calculateur. Ou non, ce n'est pas ce que je veux dire, vous le savez, mais vous pourriez avoir davantage confiance en moi, quand je vous aurai tout dit.

"Tout?" murmura doucement Vestalia .

"A propos des poches de papa, tu sais."

"Ah oui."

"Tout était de ta faute", a insisté Adèle. «C'est toi qui m'y as poussé. Et si vous ne le dites pas maintenant, Dieu seul sait quels crimes je ne serai peut-être pas amené à commettre en plus.

"Laissez-moi me hâter d'éviter cette terrible catastrophe", s'écria Vestalia . « Le problème est la simplicité même. Je suis de profession, de métier, peu importe comment vous l'appelez, traceur de pedigrees, de généalogies. J'ai fait mon apprentissage auprès d'une Américaine qui travaillait entièrement pour des clients américains. Elle est morte maintenant, l'entreprise est en faillite et je suis resté longtemps inactif. Quand j'ai vu ton père et entendu son nom, une pensée m'est venue. J'en sais beaucoup sur les Skinners en Angleterre.

« Papa est lui-même né en Angleterre, vous savez », intervint Adèle avec un intérêt croissant.

"Oui, je sais," continua Vestalia . « Comme je l'ai dit, je dispose de sources d'informations exceptionnelles sur la famille, et il m'est venu à l'esprit qu'il serait très probablement heureux que les dossiers soient fouillés et qu'un pedigree complet soit établi. Je lui ai donc écrit — il m'avait parlé de cet hôtel — et je suis venu le voir en bas dans la salle de réception, et il parut ravi de l'idée et me donna aussitôt une commission. Ce qui était encore plus important, c'est qu'il a eu la gentillesse de me payer quelque chose d'avance. Il est arrivé juste à ce moment-là pour... pour répondre à un besoin très urgent aussi, je peux vous le dire.

« Ah, pauvre fille ! dit Adèle tendrement. « Mais pourquoi diable aviez-vous peur que *je* le sache ? Je ne crois pas à ton histoire sur les cheveux, tu sais.

"Vraiment , *c'était* ça", protesta Vestalia . «Je pouvais voir que tu ne m'aimais pas. J'avais *peur* de toi, c'est-à-dire de tes préjugés envers ton père à mon égard. Et si vous saviez à quel point j'avais désespérément besoin de ce travail ! Tu ne te souviens pas, tu m'as regardé très intensément.

"Si je l'ai fait, c'est parce que j'étais surpris de voir avec qui tu étais."

"Comment veux-tu dire?" » demanda Vestalia , perplexe. « Nous vous étions sûrement tous les deux de parfaits inconnus. »

"Non. J'ai reconnu le monsieur grâce à une photo que j'avais vue de lui. J'avais en quelque sorte l'idée qu'il n'était pas vraiment un gentleman agréable avec qui vous pourriez être.

"Alors vous avez eu une idée absurde et terriblement erronée", dit Vestalia avec décision. « Il n'y a pas de gentleman plus vrai ou plus noble sur cette terre que lui. J'ai des raisons de savoir ce que je dis. Si quelqu'un vous a dit le contraire, on vous a menti, c'est tout.

"Chère, chère, comme tu es sérieuse", s'écria Adèle. « Tu dois être *mon* ami et me défendre dans mon dos comme ça aussi. S'il aimait énormément vos cheveux, eh bien, moi aussi.

« Ne plaisantons pas sur lui », dit Vestalia avec sérieux. «Je ressens très profondément mon obligation envers lui. Il m'a sauvé la vie – et – et je préfère parler d'autre chose. Nous parlions des Skinner… et de leur pedigree.

Adèle consentit, d'un signe de tête, à la diversion, quoique ses yeux gardaient l'éclat d'une curiosité surprise. "Oui, les Skinner", dit-elle vaguement.

«Je peux les retracer jusqu'à Sir Theobald Skinner, chevalier, qui a obtenu une concession des terres de l'abbaye de Coggesthorpe , Suffolk, en 1541 - qui était à son tour le grand-père de Walter Skinner, qui épousa Elizabeth, fille et co-héritière de John. Banstock , écuyer, de Meechy , Norfolk, et devint le premier Lord Gunser .

Adèle dressa les oreilles. "Qu'est-ce que c'est? Sommes-nous liés à la noblesse ? Oh, c'est ce que papa voulait dire par quelque chose d'intéressant et d'important ! Qui aurait cru qu'il pouvait être aussi rusé ? Oh, bien sûr, cela expliquerait… » Elle s'interrompit et sourit, d'abord en connaissance de cause à elle-même, puis avec une franche cordialité à Vestalia . "Oh, continue", a-t-elle insisté. "Parlez-moi de nos seigneurs." Vestalia secoua la tête. « Nous… c'est-à-dire que vous n'avez plus de seigneurs de nos jours », a-t-elle admis avec regret. « La pairie Gunser a disparu dans la lignée masculine il y a près de deux cents ans. Les branches collatérales de la famille ont sombré jusqu'à devenir des hommes sur le sol que possédaient leurs ancêtres - certains d'entre eux sont même devenus des paysans, des ouvriers agricoles . Il n'existe plus de Skinners prospères ou polis de nos jours, à l'exception *de votre* succursale immédiate.

« Et même moi, je n'ai pas des yeux polis », rit Adèle. « Oui, je me souviens que papa disait à quel point son peuple était pauvre. Il connaissait à peine le goût de la viande, dit-il, jusqu'à ce qu'il parte en Amérique quand il était enfant. Vous avez donc retracé tous ses parents. Y a-t-il des cousins ou des proches qui vivent actuellement, le savez-vous ? Il avait un frère plus âgé que lui, Abram était son nom, j'imagine, et il s'est enrôlé dans l'armée et est allé chez les chiens, je pense. Au moins, mon père n'a plus jamais entendu parler de lui par la suite.

"Il est mort", la rassura Vestalia . « Il est allé voir les chiens, comme vous dites. Il a eu des fils, mais ils sont morts aussi.

"Et donc il y avait effectivement des Skinners dans la pairie !" songea Adèle à haute voix. Cette pensée semblait l'exciter. Elle se leva et se regarda dans le miroir, au-dessus de la tête de Vestalia . Ce dernier s'est également levé.

"Oh, tu dois y aller?" dit Adèle. « Il y avait tellement de choses que je voulais te dire. Nous devons nous revoir bientôt. Je vais insister là-dessus. Tu vois, je ne connais absolument personne ici de mon sexe, à part toi. Ce sera différent dans quelques jours, maintenant, mais cela ne changera rien au fait que je t'apprécie. Oh, oui, je voulais vous demander, connaissez-vous un M. Linkhaw ?

Vestalia regarda son interrogateur d'un air vide pendant un moment, puis rougit un peu et sourit confusément. «J'ai entendu ce nom», répondit-elle, «mais je n'ai jamais vu monsieur le porter.»

Adèle fronça les sourcils en fronçant les sourcils. « C'est un grand ami du monsieur qui était avec vous au Musée », dit-elle d'un air dubitatif.

"Oui, j'ai compris cela", répondit Vestalia . "C'est ainsi que j'ai entendu le nom."

« Vraiment, comme c'est curieux que nous soyons tous les deux mélangés ! » s'écria l'autre avec une impatience naissante. "Tu pourrais me dire tellement de choses que je meurs d'envie de savoir, si seulement tu le voulais. C'est provocant de devoir tâtonner ainsi dans le noir. Et vous ne vous fâcherez même pas contre moi et ne répondrez pas. Même ainsi, je pourrais apprendre quelque chose – et nous pourrions nous rattraper par la suite, aussi simple soit-il.

"Ah, mais c'est ce que je suis venu résolu de ne faire en aucun cas", expliqua Vestalia avec une placidité affable. "Rien ne me tenterait de m'énerver contre toi."

« Supposons que j'insiste pour parler de manière désagréable du monsieur du Musée », suggéra Adèle, avec une potentielle méchanceté dans son ton.

« Je ne dis pas que tu ne peux pas me chagriner et me blesser, mais tu ne peux pas me mettre en colère contre toi. Vous voyez, je sais des choses que vous ne savez pas, et qui modifieraient entièrement votre opinion sur moi et sur d'autres sujets, si vous en aviez connaissance. Il serait donc injuste de ma part de vous blâmer pour des propos tenus dans l'ignorance de la vérité.

"Mais c'est justement contre cette ignorance que je proteste de toutes mes forces !" dit Adèle avec véhémence. «C'est que c'est injuste. Cela me rend ridicule.

"Je n'en vois pas moi-même le sens", a simplement reconnu Vestalia . « J'ai toujours pensé que ce serait le moyen le plus simple de tout vous dire d'un coup. Ou non, qu'ai-je dit ? s'empressa-t-elle d'ajouter, en dépréciation du regard enflammé de l'autre ; « Au début, je ne ressentais pas cela. C'est moi qui ai initialement suggéré qu'il ne fallait pas vous le dire dès le début. J'avais *peur* de toi, tu sais. Mais maintenant, je me sens très différemment. J'aimerais bien que vous sachiez tout, mais votre père a d'autres opinions. C'est désormais son secret, bien plus que le mien. Je ne pense pas qu'il y ait une raison pour laquelle je ne devrais pas vous en dire autant.

"Ohh!" gémit Adèle, en colère contre son impuissance. "Eh bien, dis-moi, quand même, combien de temps faudra-t-il continuer cette bêtise ?"

"Non, ne me demandez pas", répondit enfin Vestalia avec sympathie. "Je ne sais pas. Je peux seulement dire que j'en ai autant marre que toi maintenant. J'aimerais que tu le croies. Cela me soulagerait dans mon esprit.

"Eh bien, je le crois, alors," répondit la jeune fille brune, avec une empressement impulsive. "Oh, et quelque chose me vient à l'esprit et j'ose dire que vous *pouvez* me le dire. Vous vous souvenez de la journée au Musée. Eh bien, le monsieur qui était avec vous est venu ici le lendemain, papa vous ayant entre-temps vu secrètement, en bas. Maintenant, papa semblait clairement ennuyé contre ce monsieur, quand il est venu et l'a trouvé ici. Maintenant, pourquoi était-ce ?

Vestalia réfléchit. Il était évident que la question la rendait honnêtement perplexe. «Tout ce à quoi je pense», répondit-elle après réflexion, «c'est que votre père tenait pour acquis que ce monsieur était mon mari - et quand il est apparu au cours de notre entretien qu'il ne l'était pas, votre père m'a interrogé très attentivement. je l'ai beaucoup étudié, et il s'est avéré que c'était un sujet sur lequel je ne pouvais pas vraiment lui dire grand-chose, et j'ose dire qu'il s'est fait une opinion défavorable de M. Mosscrop à ce sujet. C'est la seule explication à laquelle je puisse penser. Je sais qu'il a dit qu'il pensait que ce serait bien pour moi de ne plus le revoir, ni même de communiquer avec lui

– mais je lui ai quand même écrit une lettre le jour même. Ce fut au tour d'Adèle de réfléchir. « Mais pourquoi, commença-t-elle avec hésitation, pourquoi papa prendrait-il sur lui de vous dire quoi faire et ne pas faire ? De quoi s'agit-il ? Et s'il n'aimait pas la chose, pourquoi resterait-il amical avec vous et snoberait-il le gentleman que vous appelez M. Mosscrop ? Non pas que cela le dérange, ni que cela équivaut à quoi que ce soit, mais cela me laisse perplexe que papa se comporte de cette façon curieuse.

"Oui, il eût été plus naturel de montrer froidement à la femme et de ne rien penser de mal à l'homme", approuva gravement Vestalia . "Je suis tout à fait d'accord avec toi là-dessus."

"Eh bien, *c'est* ainsi que va le monde, n'est-ce pas ?" » dit Adèle d'un ton d'excuse. "Ne rêvez pas que je suggère quelque chose de mal."

"Oh non", dit l'autre patiemment, mais avec une note de lassitude dans la voix. "Cela n'a pas d'importance, d'une manière ou d'une autre."

« Tu l'aimes, alors ? » Les yeux noirs d'Adèle brillèrent d'une soudaine chaleur bienveillante qui alla au cœur de Vestalia .

"Oh, comment puis-je te le dire?" elle a hésité. « Tout cela est tellement stupide… et je suis si malheureux ? Il était pour moi la bonté même, et il doit penser que je me suis comporté comme une brute, une fille ordinaire des rues, ou plus méchant encore, car au moins on dit qu'ils ont *un certain* sentiment de gratitude. Il est venu comme la Providence elle-même pour m'aider, alors que j'étais complètement affamé et que je me suis retrouvé dehors comme un chien - et j'étais *reconnaissant* , et pourtant ici, il doit penser que je suis la véritable racaille de la terre !

Elle regarda sa compagne avec des yeux flottants et, pour réponse, Adèle l'embrassa.

«Je vais y aller maintenant», balbutia-t-elle précipitamment, comme si la caresse l'avait encore plus énervée. « Je suis resté plus longtemps que prévu. Oui, je reviendrai – si tu dis à ton père que je suis venu et qu'il dit que je peux revenir.

"J'aimerais le voir dire autre chose!" s'écria la jeune dame de Paris, Kentucky. "L'idée!"

Et quand la porte se fut refermée sur Vestalia , cette sombre beauté serra les mains, et parcourut la pièce avec indignation, et répéta entre ses dents serrées : « L'idée même !

CHAPITRE XI

Vestalia s'arrêta à l'entrée de l'hôtel et regarda d'un air dubitatif vers le haut de la colline les contours changeants du Strand strident et bondé.

Cette perspective la repoussa et elle se tourna lentement dans la direction opposée. Traversant la chaussée déserte et ensoleillée du Quai, elle se promena vers l'ouest à l'ombre partielle des jeunes tilleuls qui entretiennent une existence téméraire le long du parapet de la rivière.

Elle regardait de temps en temps l'eau par-dessus les pierres tandis qu'elle marchait, et chaque regard se dirigeait instinctivement vers le courant vers le tronçon du pont de Westminster, délicatement posé dans la brume de midi sur le corps de l'inondation endormie. La beauté majestueuse des piles de bâtiments opposés qu'elle reliait les unes aux autres et réunis dans le tableau le plus élevé que le Vieux Monde connaisse, apparut alors qu'elle se dirigeait vers lui pour apaiser et élever son moral. Ses lèvres s'entrouvrirent de plaisir au spectacle et à la pensée que là, dans ce glorieux espace entre Saint-Thomas et Saint-Étienne, sa propre romance était née.

La chaleureuse sérénité de la scène, le calme inimitable de ses vastes parties, couchées sous le soleil dans un calme si majestueux, semblaient réprimander les faibles battements et le découragement auxquels elle avait livré son sein. Le roman qui absorbait son esprit, et dont tout son être était devenu une partie, avait sa demeure là, au cœur de cette grandeur bienveillante. La grâce, le charme et la noble force de ce qu'elle contemplait réprimandaient son timide manque de confiance dans le Destin, tel qu'il se dessine sur le pont de Westminster. Elle s'avança d'un pas plus ferme, la tête haute et les yeux s'essuyant à l'éclat de leur propre regard.

Ainsi, entraînée par le puissant charme que cette grande perspective a jeté sur elle, elle n'a eu aucun sentiment de surprise lorsqu'elle a également pris David Mosscrop à sa suite et l'a placé à ses côtés. C'était au coin du pont, et un moment de rassemblement de piétons arrêtés par la main levée d'un policier avait détourné ses pensées, puis quelqu'un lui toucha le bras.

Elle se retourna et s'abreuva de ce qui s'était passé avec des yeux tranquilles et tendrement maîtres d'elle-même. Elle ne sursauta pas, comme celle d'un esprit pris au dépourvu. Elle n'était consciente d'aucun étonnement, d'aucun tremblement de perturbation face à l'inattendu. Le regard lumineux dans lequel elle embrassait le nouveau venu était aussi irraisonné pour lui que le sont les ravissements spontanés du pays des rêves. Aucun mot ne lui vint aux lèvres, mais c'était dans l'air qu'elle avait su qu'il arrivait.

" J'allais justement traquer un gars dans son club là-bas, " dit Mosscrop , son sens masculin plus grossier suggérant une explication, " et j'ai eu le hasard de regarder par ici, et je me suis assuré que c'était vous, et... "

Il s'arrêta net aussi, et les feux plus lents s'allumèrent dans le regard qui rencontra le sien. Ils se regardèrent dans les yeux, dans un long moment de silence. Il attira son bras dans le sien, tandis que le glamour de ce regard soutenu reposait toujours sur eux. Puis, avec un long soupir de joie, elle parla.

«Je veux retourner dans ce cher petit endroit où nous avons déjeuné», dit-elle doucement. « Vous devez me laisser faire mon propre chemin. J'ai de l'argent dans mon sac, maintenant, et tu dois venir déjeuner avec moi. Et ça doit être… oh, ça *doit* être là.

Ils s'y rendirent, cette fois dans un fiacre haut suspendu, somptueux et silencieux, qui filait avec une absence de mouvement ravie à travers les rues animées.

«C'est à nouveau comme au pays des fées», murmura-t-elle, blottie contre lui dans l'enceinte étroite et profondément rembourrée. Et lui, posant sa main sur la sienne à l'abri des portes fermées, respirait lourdement et murmurait une cadence sans paroles en réponse extatique.

En un temps ridicule , ils arrivèrent à la fin de leur voyage. L'impression d'avoir voyagé sur un tapis magique était dans leur esprit lorsque, presque tristement, ils se réveillèrent de leur rêve éveillé de flèches volantes à travers l'espace, descendirent et payèrent le cocher. Ils rirent ensemble à cette pensée, sans avoir besoin de dire ce qui les amusait. Vestalia , avant d'entrer dans le restaurant, entraîna son compagnon quelques portes plus loin dans la rue et s'arrêta devant l'étroite vitrine de la vieille boutique de bottier français. Ici, ils rirent à nouveau, lui joyeusement, elle avec une trace persistante et douce d'émotion dans son ton.

Ce n'est que lorsqu'ils furent assis dans la petite pièce du dessus et qu'elle eut retiré ses gants et, après une joyeuse insistance à tout faire elle-même, qu'elle choisit quelques plats sur la carte et renvoya le garçon avec la commande, que leurs langues ont été desserrées.

David se pencha en arrière sur sa chaise et rayonnait d'un large contentement. Il commença à parler sur le ton mesuré et fluide dont elle se souvenait si bien. « Tout d'abord, chère fille, dit-il, je tiens à exprimer publiquement ma joie sans bornes de vous retrouver. J'enlève mon chapeau aux dieux. Ils ont imaginé pour moi un bienfait qui engloutit tous les maux imaginables d'une vie. Je jure de me plaindre de rien de ce qu'ils font pour le reste de mes jours. Ils vous ont rendu à moi ; et si je suis assez ennuyeux pour te perdre encore, eh bien, je baisserai la tête avec soumission devant les mésaventures méritées d'un âne.

Les yeux bleus de la jeune fille brillaient d'une lumière douce et joyeuse. «C'est une grande joie d'entendre à nouveau ta voix», dit-elle doucement. « Les échos en ont entretenu un petit murmure léger dans mes oreilles depuis que nous nous sommes séparés, comme si un esprit tenait une coquille fantôme près de ma tête. Et maintenant, c'est comme si nous ne nous étions pas séparés du tout, n'est- ce pas ?… Je veux dire, pour le moment.

« Ah, ce que vous voulez dire importe si peu », répondit-il avec une plaisanterie affectueuse. « J'ai commis une erreur une fois, pour mon plus grand malheur, en m'en remettant à vos processus mentaux et en leur permettant de se traduire en actions. Ne pensez pas que je serai à nouveau si faible. La clé ne manquera plus de se tourner contre vous désormais.

Elle rit gaiement et secoua la tête avec un air de défi ludique. « Ah, mais supposons… » commença-t-elle, puis elle laissa un regard joyeux et malicieux compléter sa phrase.

«J'avoue ma curiosité», dit-il. "J'accorderais une grande valeur à votre conception des motifs qui vous ont poussé à me fuir."

Son humeur se calma sensiblement. "Je l'ai fait parce que c'était juste."

« En tant que ressort principal de l'action humaine, cela est insuffisant », a-t-il commenté. « Presque toutes les choses douloureuses et embarrassantes sont justes, mais les gens sages les évitent néanmoins autant que possible. »

"Non, c'était bien pour moi d'y aller", a-t-elle insisté. « Je ne pouvais pas rester et dépendre de quelqu'un d'autre, peu importe qui était cet autre. Votre gentillesse envers moi toute la journée m'a été plus reconnaissante que vous ne pouvez le penser. J'étais si effrayé ce matin-là sur le pont, si désolé, si impuissant et si malade de la peur de ce qui allait m'arriver, que je n'ai pas songé à hésiter à me réfugier dans votre—votre amitié. C'était comme aller sous un toit hospitalier alors qu'il pleuvait dehors, et j'étais très reconnaissant pour le refuge. Mais quand les choses se sont éclaircies, je n'ai plus pu continuer à rester, simplement parce que j'avais été bien accueilli, n'est-ce pas ?

« Puisque vous me le demandez, je déclare avec emphase en larmes que vous le pouvez. »

« Non, sérieusement », a insisté Vestalia ; « N'êtes-vous pas d'accord avec moi pour dire que les femmes devraient être tout aussi autonomes et indépendantes que les hommes ? »

"Moi? Je suis tout à fait d'accord. Je voudrais que les femmes insistent sur l'indépendance la plus inébranlable, partout dans le monde. Ce point me tient tellement à coeur que, de tout le sexe, je ne ferais qu'une exception. Très peu de gens occuperaient une position aussi avancée, j'imagine. Imaginez jusqu'où je vais ! Il y a des centaines de millions de femmes, et je voudrais qu'elles soient toutes indépendantes sauf une. Par un curieux hasard, il se trouve que vous êtes celui-là, mais vous serez assez juste pour reconnaître , j'en suis convaincu, que ce n'est qu'une simple chance.

Elle lui fit une drôle de petite bouche, et il reprit :

« Oui, c'est très étrange. Je ne peux pas prétendre en rendre compte, mais vous constituez sans aucun doute une exception à ce qui serait autrement une règle universelle. L'idée que d'autres femmes gagnent leur propre vie me remplit de joie. Cela me fascine, je vous l'assure. J'ai envie d'éclater en chanson à la moindre suggestion de l'idée. Mais cet excès de respect pour le principe général engendre une véhémence correspondante à l'égard de la seule exception. Cela est conforme à une loi naturelle. Vous respectez sûrement les lois naturelles ? Eh bien, la plus vague idée que vous fassiez des choses par vous-même me convulse de rage. L'idée que mon droit de vous prendre entièrement en charge soit contesté me semble monstrueuse et abominable. C'est un déni de ma mission sur terre, et je suis tenu de le combattre de toutes mes forces.

Vestalia sourit. "Je vois ce que tu veux dire. Vous n'êtes qu'un vieux sauvage préhistorique comme le reste de votre sexe. Votre seule idée est d'entraîner une femme dans votre grotte et de la garder là, avec un gros rocher enroulé devant la porte lorsque vous êtes absent.

«Je ne voudrais pas que vous dénigriez les instincts primitifs», exhorta Mosscrop d'un air solennel. « Ma parole, nous serions extrêmement inintéressants sans eux. Ils sont l'os, la chair et les muscles constants de l'humanité, sur lesquels il plaît à chaque génération insensée d'étendre à son tour sa propre peau mince et triviale de conventions à la mode. Mon désir de vous saisir, de vous entraîner dans ma propre grotte, et de faire de votre vie une affaire de vous y garder, toujours belle, toujours heureuse, toujours en train de reconstituer la source de joie de mon existence - vous choisissez cela comme quelque chose de typique de l'homme primordial qui survit en moi. Laissez-moi vous dire, douce petite Vestalia , que l'esprit humain cesserait demain de son éternel rêve mélancolique de progrès s'il n'y avait pas l'espoir que le progrès de la civilisation apportera de meilleures installations pour ce genre de choses. Le monde se fanerait, se recroquevillerait comme une feuille sans sève et tomberait de sa tige solaire dans l'espace gazeux, si cette anticipation était supprimée. La course ne se poursuit qu'en nourrissant la foi qu'un jour, quelque part dans un avenir doré, cette planète sera arrangée de manière à ce que la bonne femme entre toujours dans la bonne grotte. C'est ce que les gens veulent dire lorsqu'ils parlent du millénaire. »

« Tout cela est très bien, dit Vestalia , mais cela traite de tout du point de vue de l'homme. Considérons l'autre côté de l'affaire. Que dites-vous de la répugnance de la femme pour la vie dans les cavernes : cela n'a-t-il pas droit au respect ?

"Peut-être", répondit David d'un ton réfléchi , " si l'on pouvait y croire."

Le serveur entra alors avec un plateau chargé dans les bras, et Vestalia prit la carte des vins. "Qu'est-ce que nous avions, celui-là dans de belles hautes bouteilles vertes, avec des bras comme un vase ?" elle a demandé à Mosscrop . "Nous devons avoir à nouveau la même chose."

« Vous ne m'avez encore rien dit, dit David avec reproche lorsqu'ils furent de nouveau seuls, de toutes les mille choses que j'aimerais savoir.

«C'est si difficile à dire», expliqua-t-elle avec hésitation. « Autrement dit, il y a des choses que je ne suis censé dire à personne, du moins pour le moment. Et quant à ce que je ne devrais pas *vous dire* : pourquoi j'ai reçu l'ordre de vous éviter complètement. On m'a même dit de ne pas vous écrire – mais je l'ai quand même fait – une seule fois.

David a sorti une enveloppe froissée d'une poche intérieure sur son cœur, l'a montrée pour qu'elle l'inspecte et l'a remise en place. Mais alors même qu'il le faisait, des ombres sombres commençaient à s'accumuler sur son visage. Il posa son couteau et sa fourchette et, se mordant les lèvres, regarda par la fenêtre.

Vestalia s'est rapidement souvenue d'horribles associations avec ce regard. Elle lui tendit la main et la posa sur son bras. « Il ne faut pas regarder dehors », protesta-t-elle. « Cela a un effet néfaste sur vous. Regardez-moi plutôt en face, s'il vous plaît !

Il secoua la tête avec impatience et regarda avec des yeux tenaces et clignotants les toits opposés. « Vous ne réalisez pas ce que tout cela signifie pour moi », dit-il enfin, le regard toujours détourné. Le tremblement de sa voix affecta profondément la jeune fille.

« Écoute-moi, David », dit-elle, avec un peu de son pathétique reflété dans son ton. « Tourne-toi et regarde-moi. Je n'ai même pas le cœur à un moment d'incompréhension aujourd'hui. Il n'y a rien sur terre que je ne vous dirai pas. Mais tu dois me regarder !

Il lui obéit lentement et elle vit qu'il avait les larmes aux yeux. "Mais apparemment, il y a des choses qu'il serait par pitié de ne pas me dire " , dit-il, luttant un instant pour retrouver son calme. Puis ses sourcils se froncèrent et des éclairs jouèrent dans l'obscurité de son regard. « Qui vous interdit ceci ou cela ? » demanda-t-il, le grognement métallique de colère montant dans sa voix. « Il y a quatre jours , tu étais tout seul au monde ! Tu me l'as dit ! En détail, vous m'avez assuré de votre isolement. De quoi tu parles maintenant ? Vous parlez de recevoir des instructions, de m'éviter complètement, de ne m'écrire aucune lettre ! Oh, je ne demande aucune explication... continua-t-il d'un ton orageux en repoussant sa chaise pour se lever de table , je ne crois pas que je prétende avoir le droit de vous interroger. Mais je me trompe, c'est tout ! Je suis un idiot dans un jeu de ce genre. Je prends les choses au sérieux, pendant que les autres rient sous silence. Eh bien, j'ai eu ma leçon. Devant Dieu, je ne...

Lui cria Vestalia . Elle s'était à moitié levée sur sa place, le regardant avec des yeux ahuris et effrayés, jusqu'à ce qu'une vague idée de ce qu'il voulait dire lui vint à l'esprit. « Insensé David ! Idiot!" elle a crié à haute voix maintenant. "Arrête ça! Arrête ça! Vous ne savez pas ce que vous dites ! Reste tranquille et laisse-moi te parler !

Elle se pencha par-dessus la table et secoua péremptoirement son épaule pour lui faire respecter ses paroles. « Vous avez tout faux ! » Cria-t- elle , alors que sa tempête de paroles courroucées s'apaisait. Dans le silence qui suivit, elle imposa fermement le commentaire supplémentaire : « Oh, espèce d'oie !

Il la regarda d'un air maussade, alors qu'elle se tenait maintenant droite, et, rencontrant le regard dans ses yeux, il se sentit s'y accrocher. Il y avait pour lui l'effet du soleil, des nuages se séparant, de l'éclat et du calme rétablis autour de lui. Respirant difficilement, il regarda son visage et comprit d'une manière ou d'une autre, d'après ce qu'il y voyait, qu'il s'était ridiculisé. Cette perception prit des contours nets dans son esprit avant qu'elle ait prononcé un mot.

"Maintenant, vas-tu bien te comporter et m'écouter?" » a-t-elle demandé, avec austérité. Son aspect brisé de contrition était une réponse suffisante, et elle s'assit avec confiance. "Maintenant, je vais t'expliquer les choses, même si tu ne le mérites pas du tout", commença-t-elle d'un ton formel. « Pour commencer, vous vous souvenez de ce père et de cette fille américains que nous avons rencontrés au Musée, dans la cave ? – eh bien, il est arrivé que… il est arrivé que… Oh, mon pauvre garçon, comment as-tu *pu* penser de moi aussi bêtement ?

David était revenu chez lui. Il tenait les mains de Vestalia dans les siennes à ce moment-là, d'une manière ou d'une autre, et la table enchantée se rétrécit jusqu'à ce qu'il n'y ait plus de barrière d'espace entre leurs lèvres.

Le petit baiser adoucit l'air. Les deux hommes, même s'ils échangèrent un regard timide et surpris, y pensèrent avec révérence. Ils accordèrent instinctivement à sa contemplation un moment de tendre silence.

« Comme vous avez été habile à discerner mon levain de sauvagerie », remarqua-t-il enfin. « Ou du levain ? nous ferions mieux de dire ingrédient principal !

"Je t'aime comme ça", dit doucement Vestalia .

Il lui sourit avec une incrédulité rêveuse. «Je me demande si c'est le cas», songea-t-il. « On dit que les femmes aiment les hommes qui les battent. Les tribunaux de police semblent soutenir cette idée. Mais il y a une difficulté, voyez-vous. Si vous m'aimiez parce que je me comportais mal avec vous, c'est précisément pour cette raison que je devrais vous détester. Vous ne devez donc pas suggérer une approbation. Non, j'ai été très grossier et stupide, et j'ai profondément honte de moi. J'aurais également honte de proposer une excuse, si ce n'était pas seulement celle-là. Il se trouve que je suis éperdument amoureux de toi, chère petite dame.

"Et justement, à quoi ça sert d'excuse ?" demanda la jeune fille avec une belle démonstration de calme naïf.

"Pour avoir laissé mon déjeuner refroidir", répondit-il en prenant sa fourchette.

Sous les rires des enfants ravis, ils reprirent le cours interrompu du repas.

"Ça ne commence pas à être aussi agréable que *ton* petit-déjeuner," commenta-t-elle après un moment.

« Je ne pense pas que ce soit un jour pour manger », dit-il en repoussant l'assiette. « Je ne veux rien faire d'autre que te regarder – peut-être parler un peu – mais t'entendre parler beaucoup plus. Je suis conscient d'une faim indéfinie pour le simple charme visuel de toi, assis là en face de moi. Il semble qu'il faudrait des années pour satisfaire cela seul. Sais-tu que tu es très belle, ma chérie, dans tes nouveaux vêtements ?

Elle regarda son visage avec un regard vif, presque anxieux, avant de laisser son regard plus doux dominer le sien. « Je vais me dépêcher de vous dire où je les ai trouvés », dit-elle. « C'est un cadeau de mon oncle, le frère de mon père. C'est ce que je commençais à expliquer quand… quand tu étais si malheureux.

« Oui, c'est le mot miséricordieux : malheureux », acquiesça-t-il avec gratitude. « Je suis profondément mal en point – mentalement – depuis que je t'ai perdu cette nuit-là. Il y a en moi un diable spécial, Vestalia , qui se fait parfois discret pendant de longues périodes et qui ne me rappelle presque pas son existence, mais depuis jeudi dernier, il est sur le chemin de la guerre, nuit et jour. Mes nerfs sont tendus comme les cordes d'un violon, rien qu'en faisant l'effort de le retenir. Te voir, c'est la mort pour lui, ma chère. Il est parti maintenant – définitivement inexistant. Et pendant que vous restez, il ne reviendra pas. Mais ce misérable m'a laissé fatigué et un peu tremblant. Je veux me reposer rien qu'en te regardant.

Elle, souriant avec un plaisir réservé à son discours et à son regard, lui raconta brièvement l'histoire du pedigree Skinner. «Cela m'est venu à l'esprit dès que je me suis réveillé tôt le matin», a-t-elle déclaré. «Je croirai toujours que j'en ai vraiment rêvé en premier. Êtes-vous intéressé par les rêves ?

"Oh énormément, à l'époque."

"Non; mais il *y a* quelque chose en eux. Je vous l'assure, l'idée ne m'est jamais venue à l'esprit le jour où nous les avons rencontrés. Mais avant d'être assez réveillé le lendemain matin, voilà, tout s'est bien passé. Le vieux monsieur était la politesse même. Il est descendu immédiatement lorsque j'ai envoyé ma note à l'étage. Quand je lui ai dit que je voulais dresser un pedigree des Skinner, l'idée l'a tout de suite séduit. Puis je lui ai parlé d'autre chose, et cela l'a beaucoup plus séduit.

Vestalia s'arrêta ici et commença à regarder son compagnon avec des signes de confiance décroissante. « Je ne peux pas aller plus loin sans vous faire une confession des plus humiliantes », balbutia-t-elle.

"Alors n'allez pas plus loin, je vous en supplie", répondit-il. « En vérité, je ne suis pas très ému par toute cette démonstration de votre capacité à faire les choses de votre propre chef. C'est indépendant et louable et tout ça, sans aucun doute, mais j'ai encore le sentiment persistant que vous auriez dû rester déjeuner, vous savez, et me laisser de simples détails commerciaux. Et je recule certainement devant des aveux humiliants. Évitez les parties désagréables. Nous n'aurons pas de squelettes à notre fête d'aujourd'hui.

"Ah, mais ils ne peuvent pas être ignorés", soupira Vestalia . Elle s'approcha de lui, par-dessus la table, et baissa la voix. «Je vous ai bêtement raconté des choses qui n'étaient pas ainsi, ce premier matin», confia-t-elle d'un ton triste. « C'était une sorte de romance sur moi-même que j'avais construite dans mon esprit, et sans trop y réfléchir, je vous l'ai présentée comme étant la vérité. Tant que je le gardais pour moi, cela ne faisait aucun mal ; cela m'a même rendu la vie plus facile et plus supportable, comme une pauvre enfant faisant croire qu'elle et sa poupée de chiffon sont des princesses. Mais c'était différent de te le dire. Mon père n'était pas un gentleman français. Ce n'était pas un officier et il n'a pas été tué en duel. Il n'a jamais été en France, pas plus que moi. Ma mère *était* écossaise, mais elle n'appartenait à aucune famille noble ou riche. Elle n'a laissé aucun bijou de famille avec un écusson dessus, et personne ne lui a volé une fortune privée, car elle n'a jamais eu une telle chose. C'était juste mon pays féerique individuel que je vous ai décrit comme réel. Je ne t'ai même pas dit mon vrai nom. David sourit de réconfort sur son aspect affligé. « Vous parlez comme si c'était important. Cher enfant, est-ce que nous valorisons moins un lys rare et beau parce que le jardinier lui a apposé par erreur la mauvaise étiquette ? Tut tut! Les noms, la lignée et tout ça, c'est pour moi la chose la plus vaine au monde.

L'histoire que tu m'as racontée n'était agréable à mes oreilles que parce qu'elle sortait de tes lèvres. La découverte maintenant que *tout* cela était à vous – que ce n'était pas un simple récit de faits ennuyeux, mais qu'il était le fruit de vos propres imaginations intérieures – pourquoi cela ne fait que me rendre la chose encore plus délicieuse. Je lui ai simplement donné auparavant un espace de stockage dans ma mémoire ; Je l'aime maintenant – et en même temps je découvre que je l'ai complètement oublié. Il y a un paradoxe pour vous !

Vestalia essaya de sourire à travers ses larmes. « Vous êtes toujours plus gentil que ce à quoi je m'attends », balbutia-t-elle ; "Mais je vous ai raconté une—une histoire, et vous devriez en droit être très en colère contre moi."

David a ri. « Hans Christian Andersen m'a raconté de nombreuses histoires, mais je l'ai adoré de plus en plus jusqu'à la fin. Chère dame, les histoires sont les seules choses véritables dans la vie. Les prétendues réalités de l'existence nous dépassent ou nous roulent sur nous et nous laissent incolores et vides. Les véritables possessions de notre âme – les choses qui façonnent, décorent et meublent nos habitations spirituelles – sont des choses qui ne se sont jamais produites. Je remarque un scintillement dans tes yeux. Vous pensez que j'ai dit une chose inepte. Vous pensez qu'il faudra que je revienne en arrière et vous explique qu'au moins ce qui nous est arrivé constitue une exception à la règle. Ah, douce petite Vestalia , as-tu oublié ta propre remarque, ici même dans cette pièce ? « Ce n'est pas du tout comme la vraie vie », avez-vous dit ; « C'est ainsi que les choses se passent dans les contes de fées. Je prends position sur cette définition. Nous avons délibérément rejeté ce qui est décrit comme les réalités de la vie. Nous les jetons, les coupons à mort, refusons d'avoir quoi que ce soit à voir avec eux. Nous déclarons que nous vivons dans un pays de féerie et que nous refusons d'en sortir jusqu'à la fin de nos jours.

Vestalia le regarda dans les yeux avec une tendresse mélancolique. "Jusqu'à la fin de nos jours!" » murmura-t-elle doucement, étonnée. Puis elle se souvint de la tâche encore inachevée. « J'ai pris le nom de Peaussier , se força-t-elle à poursuivre, parce que c'était une traduction de mon propre nom. J'ai regardé dans le dictionnaire et j'ai découvert que c'était le français pour Skinner.

David haussa les sourcils. « Vous ne voulez pas dire... » commença-t-il, confus.

"Oui;" elle a devancé sa question. « Le vieux monsieur du Savoy est le propre frère de mon père. Mon père était Abram Skinner. Ce n'était pas un homme chanceux, ni, dans ses dernières années, un homme très gentil. Il a toujours été pauvre et, vers la fin, il a également connu d'autres ennuis. Ma maison était quelque chose qui faisait frémir au souvenir. Je l'ai fui après la mort de ma mère, et il est parti aussi maintenant. J'ai changé le nom, pour me laver les mains de toute cette misérable histoire. Et puis, penser à la merveilleuse chance de tomber sur mon propre oncle, un homme fortuné et instruit, au cœur le plus bon du monde, n'est-ce pas la chose la plus extraordinaire qui soit jamais arrivée dans ce monde ?

« Très probablement, cela pourrait être considéré comme extraordinaire – dans le soi-disant monde », acquiesça David d'un ton réfléchi. « Mais c'est exactement ce à quoi on s'attendrait au pays des fées. Oui, à première vue, cela semble être un événement bénéfique. Il est bon pour vous d'être saisi et possédé par un oncle riche, à certains égards. Mais chez d'autres, un doute s'impose, Vestalia , quant à savoir si votre oncle est bien affectueux envers les fées. Standard Oil ne se prête pas sans effort au fantastique. Et si ton oncle te faisait signe de sortir du pays des fées ?

"Et te laisser derrière, c'est ce que tu veux dire ?" » demanda lentement Vestalia . "Cela dépendrait de combien tu voulais que je reste."

David étendit sa main gauche pour prendre la sienne, là où elle reposait sur le tissu. Du côté droit, il sortit sa montre. « Le nom Skinner, dit-il, convient aux gens du Savoy. Ce n'est pas un nom qui vous convient. Je sympathise pleinement avec votre volonté de l'abandonner. L'expédient que vous avez adopté était sans doute le meilleur qui se présentait à l'heure actuelle, mais je crois en connaître un meilleur. Je dois vous quitter maintenant et me précipiter dans la ville . C'est lundi. Cher amour, jeudi, je te réclame toute la journée. Nous déjeunerons ici à huit heures — il n'est pas trop tôt, n'est- ce pas ? — ou disons plutôt qu'à huit heures seulement je viendrai vous trouver sur le pont de Westminster. La journée doit commencer par là, n'est-ce pas ? Et, curieusement, jeudi est en quelque sorte un autre de mes anniversaires.

"Et le mien aussi?" » demanda-t-elle avec une lumière dans les yeux.

CHAPITRE XII.

En début d'après-midi de jeudi, David Mosscrop marchait séparément sur des sentiers de gravier ombragés, sous des arches de roses et la canopée de cèdres au-dessus, avec Adèle à ses côtés.

« Oh, tout va bien. Le serveur viendra et nous dira quand il sera prêt », dit-il d'un ton rassurant, en commentaire de son regard en arrière. "Je veux parler avec toi. Il n'y avait pas de mot avec toi seul sur la route.

"Eh bien, nous avons parlé chaque minute," protesta-t-elle.

"Ah oui, nous avons parlé, mais je ne me souviens pas que quoi que ce soit ait été dit."

« J'ose dire que *ma* conversation est vide de sens jusqu'au dernier degré, observa-t-elle ; "mais je suis généralement épargné de déclarations aussi franches sur le fait."

"Ah, mais je veux être considéré comme quelque chose d'un peu différent de l'habituel", a insisté David.

« Vos efforts dans cette direction ont été extraordinairement fructueux. Priez, n'imaginez pas qu'ils ne sont pas appréciés. J'admets volontiers que vous semblez avoir épuisé toutes les possibilités inhabituelles, mon Seigneur.

"Non; J'ai encore quelque chose dans ma manche, » dit David avec légèreté. Mais le ton avec lequel elle avait prononcé ces deux derniers mots attira son attention. Ils apportaient une suggestion d'emphase qui sortait des limites d'une plaisanterie géniale. En y réfléchissant, il lui jeta un regard furtif et rencontra deux yeux noirs bien éveillés qui le scrutaient intensément à leur tour. « C'est à ce sujet que je souhaitais vous consulter », ajouta-t-il, conscient d'une langue embarrassée.

« Ne vaudrait-il pas mieux s'en tenir au décor ? elle a demandé. Oui, il y avait sans aucun doute une touche moqueuse dans sa voix. « C'est un sujet tellement sûr. Ce cher vieil hôtel ici, maintenant, comme il est parfaitement satisfaisant ! Ces arbres magnifiques devant, et la colline de craie blanche derrière, et ce jardin, et puis le confort et le charme de tout ce qui se trouve à l'intérieur, et l'idée que les gens viennent ici depuis des centaines d'années, ou est-ce des milliers ? si différent de tout ce que nous avons en Amérique, même au Kentucky. Et puis tout le voyage depuis Londres – à travers un pays si délicieux, si riche, si lisse et si soigneusement emballé, et si rempli de l'idée que les gens sont en train de planter, d'élaguer et d'en admirer chaque centimètre carré que vous ne pouvez pas vous empêcher. ressentez-le vous-même avec affection ! Peut-être y *a-* t-il une certaine allusion à l'artificiel, mais d'une manière ou d'une autre, cela semble plutôt conforme à l'époque qu'autrement, n'est-ce pas, mon Seigneur ?

Alors qu'il hésitait à répondre, elle lui toucha le bras. « Voici papa et M. Linkhaw qui nous suivent – probablement pour nous dire que le déjeuner est prêt. Ne devrions-nous pas les attendre ?

« Mon Dieu, non ! » s'écria David en s'avançant. "Nous avons été enchaînés à eux au sommet du car pendant deux heures entières", a-t-il poursuivi, pour expliquer sa chaleur sur la défensive. « Vraiment, nous avons mérité le droit à quelques mots discrets par nous-mêmes. »

"Oh, *ça* ne me dérange pas", dit Adèle, accélérant son rythme pour s'adapter au sien. « Mais il est juste de vous avertir que mon caractère a ses limites. Je suis une personne variable. Il arrive parfois que je me lasse tout d'un coup d'une plaisanterie, après qu'elle ait été poussée jusqu'à un certain point, et alors je peux être aussi désagréable qu'ils me la font .

«Je trouve que mon propre sens de l'humour a tendance à s'affaiblir sous l'effet d'un effort soutenu, à mesure que je vieillis», a déclaré David. "Mais il y a tant de plaisanteries à flot... Peut-être voudriez-vous bien indiquer celle qui vous fatigue particulièrement, et je mettrai le pied dessus tout de suite."

« Oh, en aucun cas ! Ce serait bien trop grossier. Nous sommes tous vos invités, et vous êtes en charge du divertissement, et je ne pourrais pas rêver de suggérer quoi que ce soit.

« Sauf que cela ne vous amuse plus », hasarda prudemment David.

"Oh. pas du tout." Elle parlait avec une langueur superficielle et simulait un petit bâillement. "J'ose dire que tout cela est extrêmement drôle, sauf que je me suis levé plus tôt que d'habitude ce matin, et sans aucun doute cela m'a quelque peu ennuyé l'esprit."

David comprit à l'instant où en étaient les choses. « Je me suis également levé à une heure extravagante55 », a-t-il déclaré, et ce sont les raisons pour lesquelles je l'ai fait que je veux vous raconter. Mais avant tout, soyons francs les uns envers les autres. Je n'ai rien fait d'autre que d'accepter une situation créée pour moi par Archie et vous-même. Il était en votre pouvoir d'y mettre fin à tout moment. Cela a toujours été bien plus votre blague que la mienne. Ce n'est pas juste de me critiquer simplement parce que je me moque de votre propre conception du sport.

Adèle s'arrêta momentanément et examina son visage calme et basané, les sourcils levés. « Alors tu as vu depuis le début que *je* savais ! » s'exclama-t-elle, honnêtement surprise.

"Comment aurais-je pu imaginer qu'une performance aussi maladroite que la mienne puisse tromper une jeune femme aussi intelligente ?" » répliqua-t-il en s'inclinant vivement.

"Oh, tu l'as très bien fait", lui assura-t-elle avec complaisance. "Mais dis-moi, Archie soupçonnait-il que *je* savais?"

"J'ai été intime avec Archie depuis le berceau", a déclaré David, "mais je suis encore très timide à l'idée de me forger une opinion sur ses processus mentaux. Dans ce cas, cependant, je pense qu'il est prudent de dire qu'il ne s'en doutait pas – et qu'il ne le soupçonne toujours pas. »

"Pauvre vieil Archie", pensa Adèle avec un sourire mûr. «Je savais qui il était avant même de l'avoir vu. Une de mes amies d'école à Galveston m'a écrit qu'elle avait rencontré un vrai comte, qui insistait pour être connu sous le nom de M. Linkhaw , et qu'il retournait en Angleterre via le Kentucky. J'ai eu trois mois d'un plaisir des plus rares en ne révélant jamais que j'avais le moindre soupçon. Vous ne pouvez pas imaginer à quel point c'était comique. Il avait l'habitude de pleurer parfois, tant j'insultais violemment l'aristocratie. Et puis, la plaisanterie, commença papa, c'est que toute son idée de conversation est de reprendre aujourd'hui ce que j'ai dit hier, de multiplier mes mots par cent douze, et de produire le résultat comme sien ; et il intensifia l'agitation anti-Earl jusqu'à ce qu'Archie soit presque tombé dans une mélancolie chronique. C'était mieux que n'importe quelle comédie jamais écrite – mais ensuite vous vous frayez un chemin au milieu de tout cela et vous avez tout tordu et embrouillé – et cela n'a plus été aussi amusant depuis.

« Ma chère Miss Skinner, protesta David, je pense que mon entrée en scène mérite un verbe plus doux. Si vous fouillez dans votre mémoire, vous constaterez que je suis venu sur invitation expresse. C'est vous qui m'avez délibérément imposé mes faux honneurs .

"Oh, je le sais," répondit-elle assez facilement. «Je pensais que cela ne ferait que rendre la chose encore plus drôle, mais d'une manière ou d'une autre, ce n'est pas le cas. Ce n'est rien entre Archie et moi, tu sais. Mais il y a un autre élément dans cette affaire qui me tient particulièrement à cœur. Cela me laisse perplexe depuis des jours, mais je n'ai appris la vérité qu'hier soir. J'ai simplement *fait en sorte* que papa me le dise. J'ai refusé catégoriquement de venir ici aujourd'hui, ou de faire quoi que ce soit d'autre qui soit raisonnable, à moins qu'il *ne* me le dise. J'ai un cousin ici en Angleterre, M. Mosscrop , fille du propre frère de mon père, et elle est l'une des filles les plus chères qui aient jamais vécu.

"Je peux facilement le croire", déclara David, indiquant ce qu'il voulait dire avec une petite inclinaison de la tête.

"Oh, elle est bien plus gentille que moi", s'écria Adèle. « *Elle* ne plaisanterait pas avec les sentiments de l'homme qu'elle aimait, ni ne lui jouerait des tours juste pour s'amuser. En fait, je lui reproche presque de prendre de telles choses trop au sérieux. Elle n'a pas eu des moments très faciles, la pauvre fille, et cela l'a rendue, *je* crois, *trop* humble. Elle a rencontré un jeune homme au milieu de ses ennuis qui, semble-t-il, était courtois avec elle, et même gentil comme le sont les hommes, et que fait-elle sinon s'asseoir et adorer son souvenir même, et crier son joli des yeux bleus dessus - et il - il s'en va et ne lui accorde plus aucune pensée. C'est l' *homme* qu'il faut !

Une lueur d'indignation brillait dans ses propres yeux humides alors qu'elle les tournait vers son compagnon. Sa poitrine se souleva d'autant plus qu'elle aperçut un large sourire s'étendre sur son visage.

« Même si je peux hésiter à donner des détails, » dit-il en retenant la gaieté qui avait du mal à s'exprimer dans sa voix, « je ne dois pas prétendre ne pas reconnaître le portrait que vous avez dessiné. C'est moi le coupable !

« Vous en riez ! » s'exclama-t-elle. « Pour vous, cela semble être une blague ! »

"Etes-vous si sûr qu'il n'y a pas de blague cachée quelque part à ce sujet ?" » suggéra-t-il calmement.

« Je perds patience avec toi ! Vous vous moquez de tout. Dites-moi ceci : connaissez-vous ou non son adresse actuelle ? »

« Je sais précisément où elle se trouve à l'heure actuelle », dit David, parlant maintenant avec gravité.

« Eh bien, et es-tu venu la voir ? Lui as-tu écrit là-bas ? Lui avez-vous donné le moindre signe, depuis qu'elle est là, d'une envie de votre part de la revoir un jour ?

"Je dois répondre 'Non' à chaque question, j'en ai peur", a-t-il répondu, et il a eu la grâce de baisser la tête.

Son humilité évidente ne l'impressionna que momentanément. «Je suis déçue de toi», dit-elle. « Où trouveras-tu une femme plus douce ou plus vraie ? Ne pense pas que je te la jette à la tête ! Bien au contraire. Si vous deviez la demander maintenant, je vous déconseillerais de toutes mes forces. Mais tu t'es comporté comme un simplet. Je vais la faire vivre toujours avec moi ou près de moi. Elle est ma chair et mon sang, et je l'aime comme si elle était ma sœur. Elle ne sait pas encore que je suis au courant de cette relation ; mais je lui ai écrit ce matin même pour lui dire de venir me voir ce soir, à mon retour. Je vais dépenser de l'argent en Écosse.

"Ce sera profondément apprécié, croyez-moi."

Elle renifla son interjection. « J'ai l'intention d'acheter des terrains à Elgin, et si le château de Skirl n'est pas assez beau — je n'y pense pas beaucoup d'après les photographies — nous en construirons un plus grand et nous ferons toute cette section. hum; et Vestalia sera une héritière aussi grande qu'elle en contient, et l'heureux homme qui l'épousera sera traité comme mon frère et celui d'Archie. Et c'est ce que vous avez jeté. Je vous le dis franchement, car pour vous, tout est fini. Elle m'écoutera, et ma décision est prise… et papa pourra vous dire ce que *cela* signifie !

«Même si votre décision n'était pas irrévocable», dit solennellement David, «ma réponse serait nécessairement la même. Je ferais beaucoup pour vous plaire, mais je ne vois pas comment épouser votre cousine.

Ils s'étaient arrêtés pour échanger ces dernières phrases, et maintenant, à l'instant même, le comte et son vieux compagnon arrivèrent. David essaya de faire un clin d'œil révélateur au noble, mais il tomba sur les endroits pierreux du regard étonné de Lord Drum-pipes.

M. Skinner s'essuya le front avec élégance et exprima sa gratitude pour cette halte. « Monsieur, commença-t-il en s'adressant à David, je dois supposer que je profite de l'occasion d'étudier une région d'Angleterre particulièrement favorisée par la nature, et exceptionnellement embellie aussi par la main de l'homme ; mais je souhaite exprimer des émotions de plaisir sans mélange dans tout ce que j'observe autour de moi. Nous avons inspecté les aménagements intérieurs de l'ancienne hôtellerie et nous sommes délectés , monsieur, des beautés luxueuses et soigneusement réglées de ce jardin, et j'avoue que la nouveauté de l'un et le charme de l'autre surpassent de loin tout… »

« Papa, intervint sa fille avec une froide sévérité, nous allons laisser ces messieurs jouir seuls quelques minutes des nouveautés et des charmes, s'il vous plaît. J'ai une explication à vous faire, puisque personne d'autre ne la propose, et je pense qu'il ne faut plus la différer.

Elle prit le bras de son père pendant qu'elle parlait et le conduisit en ligne droite à travers la pelouse vers l'arrière de l'hôtel, large et bas, recouvert de lierre. « Oh, tout va bien ; cela ne les dérange pas que vous marchiez sur l'herbe en Angleterre, l'entendirent dire les deux jeunes hommes en partant.

Ces partenaires de tromperie la regardèrent pendant un certain temps. Puis ils se regardèrent.

« Davie, je n'aime pas ça », dit le comte.

"Tu n'aimes pas quoi ?"

« J'ai bien peur qu'elle ait une sorte de soupçon. Il semblerait qu'un soupçon naisse dans son esprit. Je t'avais prévenu qu'elle aimait les parfums.

Mosscrop éclata d'un rire péremptoire. «Espèce d'idiot de la terre», s'écria-t-il, «elle savait tout sur toi avant même de te voir!» Il développa immédiatement le récit en riant, au grand étonnement et à l'inquiétude du comte.

"Eh bien, mec," éjacula enfin Drumpipes , fixant fixement la pelouse tondue, "je ne peux pas du tout dire si elle m'aime pour moi seul."

"Oh, tu as lu ça dans un roman", objecta David. « Ce n'est qu'une simple phrase ; cela n'a aucune signification dans la vraie vie.

"Oui; mais, poursuivit l'autre avec découragement, je ne vois pas comment je peux être sûr qu'elle m'aime d'une manière ou d'une autre.

— En tout cas, elle va t'épouser, le rassura David. « Elle m'en a parlé avec désinvolture. Et elle va racheter Elgin à droite et à gauche, construire un nouveau château de Skirl aussi grand qu'Olympia et, d'une manière générale, faire en sorte que tout le reste au nord des Grampians « chante petit » – je crois que c'est l'expression.

Le comte assimila cette information avec un œil enflammé. "Mec, ça va!" cria-t-il, alors que la perspective s'étalait devant sa vision mentale. "Ah, pauvre Davie, tu ne sais pas ce que c'est qu'être amoureux !"

Croupe de Mousse soupira. « Quand tu parles écossais, Archie, dit-il, je sais que ça va me coûter de l'argent. Je prévois que vous vous attaquerez au projet de loi. Mais dépêche-toi, mec, et rattrape-les. Elle est tout à fait capable de sortir de la maison en courant et d'entraîner son père aussi, pendant qu'elle est en crise ; et cela ne ferait que signifier encore plus de peine pour les convaincre de revenir. Allez!"

Il se lança à sa poursuite à un rythme soutenu, et Drumpipes marchait avec impatience à ses côtés. Ils rejoignirent leurs invités sur le seuil même de la porte, et le comte cria un « Adèle » essoufflé et suppliant ! La jeune fille, après réflexion, se tourna et regarda les deux hommes d'un œil austère.

« Attends un moment, papa, » dit-elle de son ton le plus froid ; "L'un de ces deux messieurs semble se sentir autorisé à m'appeler par mon prénom, et a apparemment aussi quelque communication à nous faire."

"Eh bien", balbutia Drumpipes avec hésitation, "il y a un très bon déjeuner qui a été commandé, vous savez."

Mosscrop émit un rire brusque et résonnant et, dans le silence qui suivit, il fit de violents efforts musculaires pour empêcher un sourire de convulser son visage.

Adèle conserva un peu la sévérité de son aspect. « Je pense qu'il *vous* viendra peut-être à l'esprit , Lord Drumpipes », commença-t-elle en s'adressant d'une manière expressive au porteur légitime du titre, « qu'après ce qui s'est passé — et sur ce point, je peux vous assurer que mon père ressent exactement ce que je pense. faire--"

Elle s'arrêta ici, ce qui eut pour effet d'en appeler à son père pour qu'il confirme immédiatement leur attitude commune inflexible.

« J'ai à peine besoin de remarquer, » commença M. Skinner, levant son *pince-nez* et regardant les deux jeunes hommes avec sévérité depuis le seuil de la porte, « que quelle que soit la décision que ma fille juge conforme à sa dignité, poursuivre, face aux circonstances extraordinaires et, je peux l'ajouter avec confiance, sans précédent auxquelles nous sommes appelés à faire face, a mon adhésion la plus inébranlable.

Un serveur ouvrit la porte à cet instant et recouvrit la péroration de M. Skinner d'un message clair, germanique dans ses éléments non essentiels, mais largement humain dans sa portée.

Le vieux monsieur haleta, tourna entre ses doigts le cordon de ses lunettes et pencha la tête de côté vers sa fille. "Oui, mais *qu'est-* ce qu'on va faire ?" » demanda-t-il dans un murmure nerveux.

"Faire?" s'écria Mosscrop , qui avait croisé son regard dans le sien et le convainquit de sa gaieté latente. Pourquoi allons-nous rire d'une plaisanterie inoffensive bien terminée et passer au déjeuner.

"Oui, papa", dit Adèle après réflexion et avec un sourire naissant sur les lèvres, "je pense que c'est *ce* que nous allons faire." Lorsqu'ils se trouvèrent debout autour de la table du salon privé, dominant par les portes-fenêtres ouvertes le charmant jardin ensoleillé d'où ils venaient, Mosscrop profita du moment d'hésitation concernant les sièges pour lever la main. Même s'il avait été privé de ses dignités d'emprunt, l'air de commandement naturel lui paraissait facile.

"Je dois vous demander une minute ou deux de retard", a-t-il déclaré. "Cela s'expliquera tout seul."

Tout en parlant, il écrivit quelque chose sur une carte et la remit au serveur avec un murmure d'injonction soigneusement gardé. Alors que le domestique quittait la pièce, David se tourna vers les autres avec un visage radieux.

"M. Skinner, commença-t-il, et mes jeunes amis, il y a un toast qu'en Angleterre on porte toujours debout. Il me vient à l'esprit de vous le proposer, à cette seule occasion, avant que nous ayons pris place. Comme cela a été remarqué avec une perspicacité caractéristique, les circonstances auxquelles nous sommes appelés à faire face sont de caractère extraordinaire et tout à fait sans précédent. Grâce à la courtoisie de mes amis, je me suis vu, pendant une brève période, me confier la responsabilité de me comporter, à intervalles déterminés, comme devrait se comporter un membre de la pairie écossaise. Rétrospectivement, je considère mon comportement tout au long de cette épreuve avec un degré considérable de satisfaction. Je n'ai ménagé aucun effort pour réaliser ma conception de la pièce. L'essentiel d'une pairie réussie, à mon avis, est qu'elle soit investie, pour les yeux ordinaires, d'un mirage d'irréalité. Un baron doit être perceptiblement romantique. Un vicomte, s'il respecte son rang, devrait s'envelopper dans les brumes de l'improbable. Quant à un comte, il devrait vivre franchement au pays des fées. Mon imagination ne va pas vers les marquis et les ducs, mais je pense pouvoir dire que j'ai saisi l'idéal d'un comte.

"Le véritable idéal d'un comte", intervint Drumpipes avec inspiration, "est de ne jamais laisser les victuailles refroidir."

Mosscrop sourit et hocha la tête. « Encore une minute », dit-il. «J'ai parlé du pays des fées. J'ai été sous son charme toute cette semaine. Je me suis engagé dans son charme pour le reste de mes jours. Quand vous rentrerez à Londres ce soir, vers le nord, c'est Archie qui vous conduira. Je pars plutôt vers le sud, au pays de la Loire, sous la magie de l'enchantement qui m'appelle, me guide et me propulse à la fois. Pour en finir avec les énigmes, braves gens, vous remarquerez qu'il y a ici une cinquième place placée devant nous. Pour relier ce fait au toast, le siège attend *ma* reine. Voici Sherry, décantée du plus vieux bac d'Anchor. Je vous propose de remplir vos verres.

Tout en parlant, il se dirigea vers la porte, l'ouvrit et se tourna vers les autres, avec Vestalia à son bras.

"M. Skinner, dit-il doucement. « Nous avons besoin de votre approbation pour ce que nous avons fait. Nous nous sommes mariés par le greffier de St. Dunstan's à dix heures du matin, et votre nièce est venue ici directement en train, apportant ses bagages et les miens, qui, je remercie Dieu, voyageront toujours ensemble à l'avenir. Nous nous aimons beaucoup, beaucoup.

Ici tomba sur la vision masculine le spectacle de deux femmes enlacées dans les bras l'une de l'autre, et de deux belles têtes, l'une d'un noir de corbeau, l'autre brillant comme une lumière à travers l'ambre trouble, tendrement courbées l'une contre l'autre. De ce groupe ondulant et enlacé émanaient des petits gémissements, puis des baisers et des rires sanglots extatiques et tamisés.

Lord Drumpipes , regardant fixement ces femmes et son ami d'enfance, avala son sherry d'un air distrait. David, à voix basse et rapide, exposait entre-temps la situation à son oreille ahurie.

« Eh ! » » cria-t-il enfin. « C'est la même fille ? Celui aux cheveux jaunes ? Celui qui a brisé mon élan ?

« Tais-toi, espèce de fou ! » grogna férocement David, dans sa barbe. « Est-ce le moment de bavarder sur de telles choses ? *J'ai* réduit en miettes votre vieille vache, et je servirai le reste du spectacle idiot de la même manière si vous mentionnez le mot « élan ». Jetez-le, mec! C'est peut-être une chose que les filles se diront dans un an, peut-être. Ayez de la délicatesse chez vous ! Il se tourna vers M. Skinner, qui restait pétrifié, le regard rivé sur les jeunes femmes.

« J'ai expliqué à mon ami, Lord Drumpipes , » dit David en élevant la voix, « la nature romantique de ma connaissance avec votre nièce, ma femme. Je pense qu'on vous en a parlé.

M. Skinner tourna son regard vers l'orateur. « Dans une certaine mesure… dans une certaine mesure », murmura-t-il faiblement. « Cela m'a beaucoup surpris. Je sais à peine...

David s'était avancé et lui tendait la main avec un sourire confiant et magistral.

«Je suppose que tout va bien», dit le vieux monsieur en jetant des regards confus et séduisants vers sa fille inattentive. « Adèle ne semble pas s'y opposer… Je tiens pour acquis que… »

Adèle leva la tête et passa un bras protecteur autour de Vestalia . "Levez votre menton", murmura-t-elle d'une voix audible. « Il n'y a pas de quoi avoir peur d'eux. Vous connaissez tout le monde sauf votre cousin Archie, et il ne doit être craint que par des créatures incapables de riposter.

La mariée, blottie contre l'épaule de l'autre, levait un visage lumineux et regardait autour d'elle avec un sourire de franc bonheur.

"Effrayé?" » demanda-t-elle, puis elle secoua joyeusement sa tête blonde en réponse.

Le serveur entra avec la soupière.

LA FIN.